巴塞尔协议与基于资产价格视角的宏观审慎监管研究

姜华东 / 著

图书在版编目(CIP)数据

巴塞尔协议与基于资产价格视角的宏观审慎监管研究/姜华东著. —上海：立信会计出版社，2021.12
（序伦财经文库）
ISBN 978-7-5429-7069-5

Ⅰ.①巴… Ⅱ.①姜… Ⅲ.①金融监管体系-研究-中国 Ⅳ.①F832.1

中国版本图书馆 CIP 数据核字(2022)第 037561 号

责任编辑　窦瀚修
助理编辑　窦乔伊

巴塞尔协议与基于资产价格视角的宏观审慎监管研究
BASAIER XIEYI YU JIYU ZICHAN JIAGE SHIJIAO DE HONGGUAN SHENSHEN JIANGUAN YANJIU

出版发行	立信会计出版社
地　　址	上海市中山西路 2230 号　邮政编码　200235
电　　话	(021)64411389　传　真　(021)64411325
网　　址	www.lixinaph.com　电子邮箱　lixinaph2019@126.com
网上书店	http://lixin.jd.com　http://lxkjcbs.tmall.com
经　　销	各地新华书店
印　　刷	江苏凤凰数码印务有限公司
开　　本	710 毫米×1000 毫米　1/16
印　　张	13
字　　数	188 千字
版　　次	2021 年 12 月第 1 版
印　　次	2021 年 12 月第 1 次
书　　号	ISBN 978-7-5429-7069-5/F
定　　价	58.00 元

如有印订差错，请与本社联系调换

本书获国家社会科学基金一般项目(编号:17BGL056)和
教育部人文社会科学青年项目(编号:16YJC790038)的支持

前　　言

金融的系统性风险、金融体系的顺周期性以及资产价格的波动,给我国经济转型过程中的金融稳定带来了一定的冲击。我国从"十二五"规划开始强调构建逆周期金融宏观审慎监管制度、建立健全系统性风险防范体系。"十三五"规划和"十四五"规划延续和强调了金融宏观审慎监管政策的价值和改革意愿。党的十九大提出了关于"健全货币政策和宏观审慎政策双支柱调控框架"的重大决策部署,提出要完善宏观审慎政策的治理机制,提高防范、化解系统性金融风险的能力。

《巴塞尔协议Ⅲ》的推行、资本市场的国际化、金融控股公司的涌现以及金融创新的发展,可能给我国金融体系带来更强的顺周期性和更多的系统性风险。在宏观审慎监管上,中国的实践应该说走在了国际前沿,只是需要以新的金融理论作为支撑和参考。金融宏观审慎监管的制度框架、宏观审慎政策工具的针对性和有效性、宏观审慎监管与货币政策的协调性等一系列问题,亟待学界的深入研究。因此,基于巴塞尔协议研究我国金融的系统性风险和金融体系的顺周期性,深入讨论构建逆周期宏观审慎监管制度过程中出现的问题,将有助于我国经济制度的完善和金融的稳定。基于资产价格视角和我国经济转型特征对宏观审慎监管的研究,也是对金融监管理论的一种补充和完善,可以为金融监管的发展开拓一个新的思维空间。

本书在融合已有的金融宏观审慎理论的基础上,进行实证分析和逻辑推演,并从资产价格这一视角进行研究。本书结合《巴塞尔协议Ⅲ》的推进实施,基于一般均衡分析框架,从资产价格视角剖析金融宏观审慎政策,并通过宏观计量分析方法来研究微观传导机制。与以往的研究相比,本书的特色和创新主要体现在以下两个方面:一是围绕《巴塞尔协议Ⅰ》到《巴塞尔协议Ⅲ》的发展来分析金融体系顺周期性产生的内在逻辑,并结合中国的实际数据进行实证检验,然后讨论宏观审慎监管的政策;二是基于资产价格视角来构建宏观审慎监管的一般均衡模型,讨论宏观审慎政策的冲击效应,并结合货币政策对其进行讨论。从资产价格视角分析有助于进一步理解系统性风险和宏观审慎监管。相应的理论分析也表明,宏观审慎政策与货币政策之间协调机制将变得更为重要。从长远来看,全球经济一旦回归到协调发展中,那么国际政策的协调机制也将变得不可忽视。

金融宏观审慎监管是一个宏观问题,但微观的传导机制却尤为重要。在《巴塞尔协议Ⅲ》的推进实施和货币政策的不断深化下,进一步基于资产价格视角的研究将起到融合带动的作用。随着《巴塞尔协议Ⅲ》的推进,经济发展中不断有新情况出现,这些新情况带来的冲击是值得学界挖掘、跟进和研究的。2020年以来,新冠肺炎疫情开始在全球蔓延,给全球的经济和金融带来了重大的冲击。从资产价格来看，多数国家的资产价格波动进一步加剧，给各国经济政策的实施带来了新的挑战。中国在应对新冠肺炎疫情的过程中，很显然做得更为出色。在宏观审慎政策的实施上，基于资产价格视角进行更多的考察也变得更为重要，这可能也给中国的经济发展带来了弯道超车的机遇。

本书得到教育部人文社会科学青年项目"注册制背景下的内幕交易法律完备度冲击与监管转型研究"（编号：16YJC790038）和国家社科基金一般项目"基于信息操纵的合谋型内幕交易及监管创新研究"（编号：17BGL056）的支持。本书的撰写使作者对金融监管机制有了更为深刻的认识和理解，也为本人对金融监管的后续研究打下了坚实的基础。

本书也得到上海立信会计金融学院序伦财经文库专项的出版资助，立信会计出版社的领导和编辑在成书过程中给予了许多帮助和改进建议，在此深表谢意！

姜华东

2021 年 9 月

目　　录

第一章　导论 …………………………………………………… 1
　第一节　研究背景和意义 …………………………………… 1
　第二节　后危机时代金融宏观审慎监管的理论基础 ……… 5
　第三节　金融宏观审慎监管的国际改革与中国的改革
　　　　　需求 ………………………………………………… 10
　第四节　结构安排、研究方法与主要创新………………… 19

第二章　宏观审慎监管的演进历史与基础内容 …………… 23
　第一节　宏观审慎监管的缘起、演进与定义……………… 23
　第二节　宏观审慎监管的基本内容 ………………………… 29

第三章　《巴塞尔协议（Ⅰ和Ⅱ）》与金融宏观审慎监管 …… 53
　第一节　《巴塞尔协议（Ⅰ和Ⅱ）》与金融体系顺周期性的产生
　　　　　逻辑 ………………………………………………… 53
　第二节　《巴塞尔协议（Ⅰ和Ⅱ）》下中国金融体系顺周期性的
　　　　　实证检验 …………………………………………… 66

第四章　《巴塞尔协议Ⅲ》与中国的宏观审慎监管改革 …… 87
　第一节　《巴塞尔协议Ⅲ》与金融监管 ……………………… 87
　第二节　《巴塞尔协议Ⅲ》的主要改革 ……………………… 89
　第三节　《巴塞尔协议Ⅲ》框架下中国的宏观审慎监管
　　　　　改革 ………………………………………………… 101

第五章 经济转型中的资产价格波动、系统性风险与宏观审慎
      监管 ··· 109
  第一节 模型构建的基本传统和思路 ································ 109
  第二节 一般均衡模型的部门描述与分析 ···························· 118
  第三节 参数校准、估计与运行结果分析 ···························· 123

第六章 资产价格、宏观审慎监管与货币政策的内在协调机制 ······ 132
  第一节 资产价格、宏观审慎监管与货币政策的研究与
         争论 ··· 132
  第二节 宏观审慎政策、货币政策与资产价格的协同关系
         分析 ··· 135
  第三节 资产价格视角下宏观审慎监管与货币政策的协调
         机制 ··· 139

第七章 影子银行的风险资产、系统性风险与宏观审慎监管 ······ 146
  第一节 关于影子银行体系的研究综述 ······························ 146
  第二节 中国影子银行的发展与金融稳定 ···························· 150
  第三节 影子银行体系的审慎监管分析 ······························ 157

第八章 逆周期宏观审慎监管工具的作用机制与运行原则 ········ 161
  第一节 宏观审慎政策的实施过程与推进原则 ···················· 161
  第二节 宏观审慎政策工具的作用机制 ······························ 164
  第三节 宏观审慎政策工具的运行规则 ······························ 170

第九章 中国金融宏观审慎监管可能的改革方向与政策建议 ······ 174
  第一节 金融宏观审慎监管框架理念革新 ···························· 174
  第二节 基于资产价格视角的宏观审慎工具动态化改革 ········· 177
  第三节 经济周期波动与宏观审慎监管的内外协调机制 ········· 178
  第四节 不足之处与未来研究方向 ···································· 180

参考文献 ··· 181

第一章 导 论

第一节 研究背景和意义

历史告诉我们,每一次的金融危机,不仅是对金融业的全面冲击,也是对金融监管规则、监管体系的全面检验。金融危机之后,随之而来的必然是对金融监管体系的全面改革。在应对 2008 年全球金融危机、拯救金融机构的同时,人们始终在反思,金融体系究竟出了什么问题?国际社会也认识到,金融监管体制的改革势在必行(周小川,2009;陈雨露,2012;王华庆、李良松,2020;Bean 等,2010;Angeloni、Faia,2013)。

20 世纪 70 年代,随着石油危机的重大冲击和布雷顿森林体系的解体,凯恩斯主义调控暴露出相应的理论缺陷,而理论的修复需要时间。在经济学理论方面,货币主义、理性预期学派和供给学派开始流行起来。伴随着英国的"撒切尔新政"和美国的"里根革命",经济学新自由主义思想开始逐渐掌握主导地位。凯恩斯主义也做出了很大的变革,开始注重宏观经济理论的微观基础。首先,凯恩斯主义开始把价格黏性和工资黏性的解释建立在个人理性行为的基础上;其次,凯恩斯主义开始重视市场的不完全性、信息的不对称性等问题,考虑这些因素对宏观经济波动的影响;最后,凯恩斯主义开始细化总需求管理政策,对货币政策理论进行了修补完善,除了关注货币、利率等传统变量外,也开始关注信贷配给、财政税收等总供给部分的影响。

随着几次金融危机的爆发,新凯恩斯主义开始回归。从1994年的墨西哥金融危机,到1997年的亚洲金融危机,再到2008年的美国金融危机,新自由主义政策也暴露了很多缺陷。新凯恩斯主义的主张又一次受到了人们的关注和应用。宏观审慎监管政策主张构建宏观和微观监管体系来防范系统性风险,政策主张上与新凯恩斯主义是吻合的。

2008年11月15日,20国集团峰会(又称G20峰会)通过了加强金融监管的行动方案和原则,包括提高透明度和问责制、强化审慎监管、提升金融市场的诚信和改进金融监管国际合作(张天顶和张宇,2018)。2009年4月2日,G20伦敦金融峰会提出建立强有力的、全球一致的金融监管框架,主要包括重新构建监管架构、识别和应对宏观审慎风险;扩大金融监管范围,将系统重要性金融机构、市场和工具纳入审慎监管范围;改进金融机构的薪酬机制;提高金融体系资本质量,遏制杠杆率累积;改革国际会计规则,建立高质量的金融工具估值和准备金计提标准等(Angelini等,2010)。

在国际层面,金融危机中所诞生的G20峰会开始强调金融监管改革的重要性,成立了金融稳定委员会(FSB, Financial Stability Board),并以此作为相应的组织机构,协调全球的监管标准。在国家层面,在金融危机暂时缓解的今日,金融监管改革更加迫切地被提到各国重要的议程当中。2010年7月21日,美国率先颁布了新的金融监管改革法案,对金融市场进行更为全面的监管,以清除当时所了解的系统性风险,从而避免类似危机的再次发生。英国、日本等发达国家也积极展开了金融监管的改革行动。虽然各国对金融监管改革的认识存在很多不同,但对于金融的宏观审慎监管却取得了很强的共识(FSF,2009;Brunnermeier,2009;Bennani等,2014;周小川,2009;谢平和邹传伟,2010;伯南克,2012;巴曙松,2015)。

自2009年以来,基于金融危机的教训,巴塞尔委员会对现行银行监管国际规则进行了重大改革,发布了一系列国际银行业监管新标准,统称为《巴塞尔协议Ⅲ》(Basel Accord Ⅲ)。《巴塞尔协议Ⅲ》体现了微观审慎监管与宏观审慎监管有机结合的监管新思维,按照资本监管和流动性监管并重、资本数量和质量同步提高、资本充足率与杠杆率并行、长期影响与短期效应统筹兼顾的总体要求,确立了国际银行业监管的新标杆(巴塞尔银行监管委员会,2020)。随着巴塞尔协议的推进,中国、美国、日本等国家也开展了积极的实践(张晓燕,2021;Phillipe、Cassio,2020)。

在中国的金融监管中,宏观审慎政策也在逐步地被采纳和运用。在房地产信贷市场,对住房按揭贷款实施差别首付比例,这是对贷款价值比(LTV,Loan to Value)政策的较早运用。在2008年全球金融危机前,中国银行业监督管理委员会(简称银监会)在对国有大型银行与中小银行的要求上,很早就体现了差异性。银监会一直对大型银行有更高的资本充足率要求。在新监管框架下,银监会要求系统重要性银行的最低资本充足率必须达到11.5%以上,最好能达到12%以上;非系统重要性银行的最低资本充足率在2016年年底至少在10.5%以上。这种差异性做法与《巴塞尔协议Ⅲ》对系统重要性银行的附加资本要求是非常一致的。在2004年,中国人民银行引入了差别准备金制度,对资本充足率、资产质量不同的商业银行采用不同的存款准备金率。到2011年,中国人民银行又引入了差别准备金动态调整制度,突破了货币政策工具和宏观审慎监管工具的界限。

在宏观审慎监管上,应该说中国的实践已经走在了国际前沿,当下急需以金融理论作为支撑和参考。对于金融宏观审慎监管的制度框架、宏观审慎政策工具的针对性和有效性、宏观审慎监管与货币政策的协调性等一系列问题,亟待深入研究(郑联盛,2019)。金融监管体系的改革,尤其是金融宏观审慎监管框架的构建,已经成为国际社会的重要关注点。但是,为何监管和如何监管的问题却非常复杂。全面深入地理解金融监管理论和不断发展金融宏观审慎监管理论,也是经济学理论发展的一种内在需求。新凯恩斯主义、新兴古典宏观、新供给学派等理论也需要进行更多的融合和发展。在中国的金融改革大背景下,经济理论选择与支撑发展显得尤为重要。

在2008年全球金融危机中,中国的金融体系保持了较好的稳定性,损失相对较小,但这并不能说明中国的金融监管体系是非常完善的。由于资本管制等,外部风险的传导被有效隔离,我国的金融监管体系发挥了应有的效力。但是,随着我国金融开放程度的提高和经济国际化程度的增强,系统性风险也会随之而来。我国从"十二五"规划到"十四五"规划,都指明要加强金融体系改革,建立和完善逆周期金融宏观审慎管理框架。因此,有关金融宏观审慎监管领域的研究,具有很强的理论意义和现实价值,可以为我国逆周期金融宏观审慎监管政策的实施提供一定参考价值。

金融的系统性风险、金融体系的顺周期性以及资产价格的波动,将给我国经济转型过程中的金融稳定带来冲击。基于资产价格视角构建逆周期宏观审慎监管制度,并将其与微观审慎监管制度结合,这有助于我国的金融稳定。巴塞尔资本协议的推行、资本市场的国际化、金融控股公司的涌现以及金融创新的发展,可能给我国的金融体系带来更强的顺周期性和更多的系统性风险,而我国的金融监管暂时还主要集中在微观审慎监管的层面,这可能会影响我国的金融稳定。因此,研究我国金融的系统性风险和金融体系的顺周期性,并构建一个有效的逆周期宏观审慎监管制度,将有助于我国经济和金融的稳定。我国从"十二五"规划开始强调构建逆周期金融宏观审慎管理制度、建立健全系统性风险防范体系。"十三五"规划和"十四五"规划延续和强调了宏观审慎监管政策的价值和改革意愿。另外,基于我国经济转型特征对宏观审慎监管的研究,也是对金融监管理论的一种补充和完善,可以为金融监管的发展开拓一个新的思维空间。

中国虽然在2008年的全球金融危机中没有爆发显性的金融危机,但是并不代表中国没有系统性风险隐患和金融不稳定因素。地方政府债务平台、高房价及高信贷集中度、影子银行等都是目前我国现实的金融不稳定的因素(郑境辉、黄宁,2017)。中国的利率市场化改革与汇率市场化改革、金融开放、结构转型以及人口老龄化带来的养老金及医疗保险问题,任何环节出现问题都可能波及金融体系,进而引致系统性的金融风险。资产价格的波动导致金融体系的不稳定性,因此,从资产价格视角研究我国宏观审慎监管框架是非常紧迫的,具有较强的现实意义和应用价值。

中国金融体系处于转型阶段,资产价格的波动是一个重要特征。本书试图从资产价格视角理解系统性风险和宏观审慎监管,这对我国的宏观审慎监管有一定的启示作用。本书通过融合已有的多种宏观审慎理论进行实证分析和逻辑推演,并试图从资产价格的视角进行突破性研究。在《巴塞尔协议Ⅲ》的推进、实施和货币政策的不断深化下,进一步基于资产价格视角的研究将起到融合带动的作用。

第二节 后危机时代金融宏观审慎监管的理论基础

一、从微观审慎监管到宏观审慎监管

传统的金融监管体制属于微观审慎范畴,着眼于防范单个金融机构的个体性风险,从而达到保护消费者的目的。宏观审慎监管关注整个金融体系,着眼于防范系统性风险,从而减少金融危机对经济产生的影响。宏观审慎概念起源于20世纪70年代,随着系统性风险特征的结构性变化,其重要性日渐显现(Tavman,2015;Popoyan等,2017)。

Crockett(2000)首次界定了微观审慎与宏观审慎,并明确区分了宏观审慎的时间维度和空间维度。他提出将金融稳定划分为两个层面的建议,即微观审慎层面的稳定和宏观审慎层面的稳定,并认为与这两个层面的稳定相对应的是,以确保单个金融机构稳健为目标的微观审慎监管和以维护整个金融体系稳定为目标的宏观审慎监管。同

时,他还认为宏观审慎监管和微观审慎监管是金融监管安排中不可或缺的两个并存体系。此后,许多研究都集中在时间维度,即对金融体系顺周期性的研究和对金融体系脆弱性的监测。2008年全球金融危机后,空间维度逐渐受到重视,人们开始关注那些具有系统重要性的金融机构。Borio(2003)认为,微观审慎和宏观审慎的差异在于两者的任务目标和影响经济产出的机制不同,与实现目标的工具无关。

从监管对象来看,微观审慎监管着眼于金融机构个体,它关注的是单一金融机构的风险;而宏观审慎监管则着眼于整个金融系统,其关注的是整个金融系统的稳定性。当然,由于"大而不倒"和"太关联而不能倒闭"等问题的存在,宏观审慎监管尤其关注具有系统重要性的大型金融机构。大型金融机构在市场上的导向作用及其关联性、大型金融机构的倒闭很可能会引发金融系统的恐慌,严重时甚至会引发金融危机。因此,大型金融机构就成为宏观审慎监管的重要对象。随着对冲基金、投资银行等影子银行体系的影响日益增大,会对大型金融机构产生系统性的影响,因而这些影子银行也已经纳入宏观审慎监管的对象中。

从监管目标来看,宏观审慎监管是为了减少系统性风险、保持金融稳定、避免经济衰退;而微观审慎监管则是为了防范金融机构个体经营的风险,保护消费者的利益。近年来的金融危机,例如墨西哥金融危机、阿根廷金融危机、东南亚金融危机以及美国金融危机,都有一个共同之处:危机爆发前会出现一段时间的流动性过剩、信贷快速增长、资产价格上涨、金融机构杠杆率过高等一系列的系统性风险。正是由于系统性风险的存在,金融危机的破坏力变得更大。对于系统性风险的规避,微观审慎监管是难以做到的,宏观审慎监管是对微观审慎监管的一种补充,从一开始就将金融系统作为一个整体进行监管,从源头上来规避系统性风险(樊莉,2012)。

从风险的性质来看,微观审慎监管假设风险是外生的,只要控制好单个金融机构的风险就能保证金融体系的良好运转。但是,不断爆发的金融危机告诉我们,单个金融机构运转良好并不一定能够保证整个金融系统的健康。宏观审慎监管假定部分风险是内生的,在经济运行的过程中,由于金融机构通常会持有相似的资产,因此必然会有相似的风险暴露,一旦资产价格下滑,这些金融机构会立即遭遇困境,从而导致整个金融体系陷入危机。因此,宏观审慎监管更加关注这种隐藏在金融系统内部、在某一时刻突然爆发的内生性风险(Silvo,2018)。

从金融机构间的共同风险暴露及相关性来看,宏观审慎监管认为金融机构之间通过资产负债表相互关联,存在着共同的风险暴露,而微观审慎监管则认为金融机构之间不存在相互关联和影响。微观审慎监管假定系统性风险是外生的,只要单个金融机构的经营是稳健的,那么金融机构之间共同的风险暴露就不重要;宏观审慎监管认为系统性风险是内生的,共同风险暴露较多的金融市场一旦遭受负面的冲击,那么这些拥有共同风险暴露的金融机构经营形势便急转直下,这些金融机构就有同时破产的可能。在金融混业经营日益成为趋势的今天,金融机构的经营越来越同质化,因此其共同风险就更需要引起关注和重视。

从审慎监管的控制方式来看,微观审慎监管认为单个金融机构的健康运行自然会保证金融系统的健康运行,因此微观审慎监管强调的是对单个金融机构的监管,是一种从个体到整体、自下而上的监管方法。宏观审慎监管则认为单个金融机构的健康运行不足以保证金融系统的健康运行。在金融机构存在大量的共同风险暴露时,来自宏观层面的负面冲击可能会导致金融系统的危机,因此宏观审慎监管更关心来自金融系统层面的风险。资产价格、信贷总量等宏观指标是其重点监控的对象,因此宏观审慎监管是一种自上而下的、更重视系统性风险的监管方式。

综合来看,传统的微观审慎监管认为,只要单个金融机构是稳健的,则整个金融体系就不会出现问题;而宏观审慎监管则认为,如果金融监管的目的是确保金融体系的整体稳定,那么以风险资本要求为基础的微观审慎监管体制就不足以实现这个目标。只有实施宏观审慎监管,对金融体系的顺周期性和具有系统重要性的大型金融机构实施有效监管,才能维护整个金融体系的稳定。

二、金融的顺周期性与宏观审慎监管

时间维度的风险是隐藏在金融体系内并在不同时期表现出来的风险,具体表现为金融体系在时间上的顺周期性。多数的研究从资本监管要求、贷款损失拨备以及公允价值会计准则这几个方面来分析金融体系的顺周期性,认为这些适用于金融业的外部规则具有内在的顺周期特征,并在一定程度上强化了经济周期的波动性,从而造成了金融系统的不稳定(周小川,2009;李文泓,2009;Brunnermeier,2009;Galati,2013;Federico,2018)。

从资本监管上看,巴塞尔新资本协议所具有的风险敏感性使其具有内在的顺周期性,这种顺周期性只能部分缓解而不能根本消除。银行在利润目标的驱使下,往往会采用更短期也更具有顺周期的风险计量方法。而且新资本协议只考虑了银行机构的个体风险,没有考虑整个银行业甚至金融系统的风险,这也促使更多国家关注逆周期资本缓冲的宏观审慎监管。

从贷款损失拨备来看,由于贷款损失拨备的计提存在一定的滞后,因此经济变动所带来的信用风险不能体现出来,造成经济上行时少提、经济下行时多提,从而使贷款损失拨备也具有顺周期性。因此,构建具有动态性和前瞻性的逆周期拨备机制,也成为各国重点考虑的机制。

从公允价值会计准则来看,由于其加剧了资产负债表的波动性,加上缺乏对不活跃市场运用公允价值的指引,因而加剧了金融体系的顺周期性。因此,在微观金融环境下看似合理的公允价值原则,在宏观环境下却会导致银行业内在的不稳定,人们也开始寻找缓解其顺周期性的方法(FSF,2009;IMF,2010;Roger、Vlcek,2011;Claessens,

2014）。

具体来讲，银行在资本约束下的信贷行为、宏观经济变动对违约概率的影响以及公允价值会计准则等因素都会引起银行体系的顺周期性行为。然而，在微观审慎监管的框架下，这些情况却无法引起人们的重视。监管者从银行等金融机构的资产负债表中看不出任何不良表现，各家银行的资本充足率也都表现良好。从银行的角度看到的，往往是经济方面的稳步发展，无法发现需要控制和解决的问题。于是，系统性风险在这段经济周期中就不断累积，并在不同部门之间扩散和传染。宏观审慎监管正是要建立相应的稳定性指标，从而及时发现经济发展中的顺周期性问题，并且控制和缓解相应的系统性风险。

三、金融的系统性风险与宏观审慎监管

宏观审慎监管跨部门强调从系统性风险的角度自上而下衡量每个机构对系统性风险产生的作用。由于金融体系各主体的相互关联和相互作用，会产生金融的系统性问题。某些系统性风险的影响会波及整个金融系统，产生巨大的破坏力。金融系统与实体经济通过信贷供给和资产价格等渠道的相互作用，会产生相应的系统性风险。而金融机构之间的相互关联对系统性风险会产生巨大作用，使金融风险更容易传染，进而也产生了"太关联而不能倒闭"和"太大而不能倒闭"的问题（李妍，2009）。从系统性风险角度看待金融系统重要性时，相关研究主张按照系统重要性建立外层和内层的双层监管方法，并按照不同的层次赋予不同的监管要求（赵静、许海萍，2021；Tarashev 等，2009）。

各国金融业的发展始终面临着系统性风险，而且金融市场中蕴藏的系统性风险可能还会不断增大，但是微观审慎监管体系缺乏对系统性风险的有效衡量。全球金融的一体化增加了金融机构之间的联系，很多金融风险被机构间的"相互联系"和"相互依存"掩盖，因而系统性风险也在不断地扩大（张智富等，2020）。另外，金融创新业务的不断发展也提高了系统性风险的相关性和复杂度。最重要的是，有些联系并

没有受到重视甚至完全脱离监管。在当前各国的监管体系中,监管当局往往更注重对单个金融机构的风险控制,这种微观审慎监管只是为个体金融机构提供了稳健经营的保障。长远来看,它缺乏对整体金融体系的全面判断,无法确认系统性风险积聚的程度,无法隔离风险在实体经济与虚拟经济之间的传导。宏观审慎监管的直接目标就是限制系统性风险的发生,国际货币基金组织 IMF(International Monetary Fund)等国际金融组织强调运用综合性的测量工具评估系统性风险,并建立防范系统性风险的综合性框架(IMF,2010)。

第三节 金融宏观审慎监管的国际改革与中国的改革需求

一、宏观审慎监管的国际协调与政策选择

在经济全球化的背景下,金融稳定需要更多的协调与合作。在金融监管问题上,G20、IMF、BIS(Bank for International Settlements)等具有全球性影响力的国际组织付出了更多的努力,使国际社会对宏观审慎监管达成了更多的共识。自 2007 年以来,国际金融组织就在各自的领域内,就金融危机根源、监管理念以及改革措施进行了广泛讨论,起到了不可替代的作用。国内外关于宏观审慎监管的讨论仍然存在一些分歧,但是从收集的金融稳定理事会和巴塞尔银行监管委员会关于宏观审慎监管的建议来看,国际社会在宏观审慎监管方面有了更多的共识,而且实际的行动也已经体现出形成共识的迫切需求。

一方面,建立宏观审慎监管框架是国际金融监管的新方向。要在微观审慎监管的基础上建立宏观审慎监管框架,但不能忽视微观审慎监管的作用。宏观审慎监管为微观审慎监管主体提供了系统性、全局性和前瞻性视野,微观审慎监管为宏观审慎监管主体提供了坚实的基石。因此,建立健全的微观审慎与宏观审慎有机结合的监管框架,已经

成为各国政府和金融监管当局共同努力的目标。G20伦敦金融峰会强调监管体系必须能防范波及整个金融体系的风险,缩小而非扩大金融和经济周期波动。这一主张体现出宏观审慎的监管要求。随着各项方案的推行,关注单个机构的微观审慎监管理念正在被关注金融系统整体情况的宏观审慎监管理念所取代,各金融监管当局和金融机构的信息沟壑正在被加强信息沟通的合作机制化解。法定的监管边界正在因跨行业、跨国界、跨地区的监管合作而得到延伸,新的监管理念正在逐步形成。

加强宏观审慎监管,并不必然要求对金融监管的职能调整,而是要求监管机构在履行现有微观审慎监管职能的同时,强化宏观审慎监管意识。目前,各国际组织与各国监管机构在讨论宏观审慎监管时,关心的主要是如何构建和设计宏观审慎监管政策工具,以及如何加强相关机构之间的沟通协调,而非相关机构之间的职能调整。宏观审慎监管的提出,不仅要求监管机构调整监管视角、改进监管方式,而且也要求拓展和强化货币政策和金融监管的有效性和协调性,有效平衡金融稳定与经济持续发展的目标。

另一方面,宏观审慎监管框架的建立离不开宏观经济政策,但宏观审慎监管并不是政策的延续。宏观审慎监管的核心是将系统性风险纳入审慎监管视野,不仅关注金融机构面临的个体风险,而且关注系统性风险的水平和趋势。防范系统性风险不仅需要宏观审慎监管和微观审慎监管,而且还需具备稳健且可持续的金融政策、良好的宏观经济环境、稳健的金融机构、有序的金融市场、完善的金融基础设施和有效的危机处理机制。宏观审慎监管只是维护金融稳定的一项手段,只是丰富了金融稳定框架中"金融监管"要素这一内容。将更多的金融手段和金融方法相结合,才是维护金融稳定的根本所在。

宏观审慎监管虽然属于审慎监管范畴,但是与着眼于存款准备金率、基准利率和公开市场操作等货币政策工具相比,它有着本质的不同。巴塞尔委员会工作组在其制定的逆周期资本政策框架中指出,逆周期资本缓冲的主要政策目标是使银行业免受信贷过快增长而可能带来的损害。尽管实施逆周期资本在一定程度上能平滑信贷周期,但这并非该政策的首要目标。因此,逆周期资本缓冲不宜用于调节经济周期或资产价格,经济周期或资产价格的调节应主要通过货币政策、财政政策和其他政策工具来实现。

二、宏观审慎监管的国际改革进程

2008年全球金融危机再一次表明了国际金融监管合作的必要性。随着经济全球化的深入发展,国际贸易和资本的国际流动更加自由。电子交易系统的引入,改变了传统的交易模式,让交易更加自由、便利。但经济全球化在加速资源优化配置的同时,也扩大了危机的传播范围,加速了危机的传导速度。目前,IMF强调要加强政府金融监管部门间的协调;欧盟已经着手加强成员国监管机构的合作;国际上,原金融稳定论坛升级为"金融稳定委员会",体现了世界向国际统一监管方向的努力。一些大型跨境金融机构还采取了监管团制度,以金融机构母国监管者为主导者,联合其他东道国的监管机构共同监管该机构。国际会计制度也在逐步统一,世界主要经济体已经开始采用国际财务报告准则或发布趋同路线图。

对系统性风险的分析和判断很难由一家金融机构独立完成,2008年全球金融危机之后的发展趋势反映出相关部门之间沟通与协调的加强。但从各国实践特别是2008年全球金融危机教训来看,传统的、同级别之间的协调机制已不能满足这一需要,有必要建立更高层次的协调机制。目前在国际层面,金融稳定理事会是由各国财政部、央行和监管机构组成的一个协调机构。在国家或地区层面,各国也都尝试进行了一系列的改革。

美国增强宏观审慎性监管的一个重要措施是,提高对能引发系统性风险的大型金融机构的监管标准,提出建立由财政部、联储和监管部门参加的金融服务监督委员会。欧盟提出在泛欧层面建立由中央银行和金融监管当局参加的欧洲系统性风险委员会,来识别、监控、预警整个金融体系内的系统性风险。英国提出建立由财政部、英格兰银行和金融服务局共同参加的金融稳定委员会,主要目的是加强相关部门在宏观审慎分析层面的沟通与协调。

此前的监管趋势是央行和监管机构分离,这就造成熟悉宏观经济形势的央行没有监管权,而有监管权的机构又不了解宏观经济情况,这种情况很不利于实施宏观审慎性监管。因此,增强央行监管地位,加强央行和监管机构的沟通、合作,成为新的监管趋势。欧洲系统性风险委员会的一个重要职能就是加强央行和各监管机构之间的联系。美国也一改之前"去央行监管化"的趋势,美联储的监管权限得到很大程度的扩大。

随着监管理念和监管体系的变化,国际组织在改革中提出了许多新的监管方法和依据。例如,金融稳定模型的提出、对"系统重要性"的定义及测量、建立资本缓冲及动态拨备的逆周期工具、提出按照金融关联度实行资本附加费、薪酬发放与风险管理的有效结合、衍生品场外交易制度的变革等各种关于金融监管的设想。这些新的理念和方法及其可操作性,也第一次在全球范围内引起热烈的探讨。

逆周期监管的改革也是宏观审慎监管的重要组成部分。世界各国和国际组织对于金融机构的"顺周期性"研究开展相对较早,并给予了政策纠正,但是从2008年全球金融危机爆发的情况来看,金融的顺周期性影响并没有得到控制。金融危机爆发后,FSF(Financial Stability Forum)、FSB(Financial Stability Board)和巴塞尔银行监管委员会等国际组织建立了逆周期政策工具,以消除金融顺周期性的影响,并以此作为监管改革的关键任务。

具体的逆周期监管改革,主要体现在三个方面:第一,建立逆周期资本缓冲机制。资本充足率被要求应在经济、金融形势景气时提高,在经济、金融形势低迷时降低。另外,可以压力测试作为风险价值的补充,因为压力测试可以针对前瞻性的设想情景实施,也可以使用较长时间的历史数据,相对而言不太受短期市场波动的影响。第二,建立前瞻性和逆周期的贷款损失拨备。金融机构基于对贷款组合未来损失的预期,在信贷风险不断累积时,提前计提拨备;在经济上行时多计提拨备,以满足经济下行时吸收信贷损失的需要。相应的实践也已经在一些国家中展开,例如,西班牙中央银行实施了动态拨备制度,取得了一定的效果。但前瞻性贷款损失拨备与会计准则的冲突还有待解决。会计准则的目的是客观而准确地反映会计主体的财务状况,尚未发生的损失计提拨备可能影响财务报表的真实性,也为盈余管理留下了空间。第三,改革公允价值会计准则。在改革会计准则的过程中,一系列具体措施已经出台。一是限制不活跃市场中公允价值会计的使用。如果市场流动性很低,那么市场交易体现的是低价出售行为,不应该作为估值基础。二是提取估值准备金和调整金。如果金融工具的估值数据和模型有欠缺,应提取估值准备金和调整金,以避免在估值结果不确定时高估利润。

三、中国金融体系的时代特征

相对于欧美各国,中国的经济和金融发展有其自身的特殊性。中国金融体系建设是一个不断发展的渐进过程,金融体系的开放性不足使我国得以避免外部系统性风险的传染效应。与此同时,中国的工业化改革、人口红利和高储蓄率为金融机构提供了稳定而充足的资金来源,使金融机构不必求助于高风险、高成本的融资渠道。很明显,这也是我国在国际金融危机中损失较小的原因之一。

1. 我国金融监管结构的特征与缺陷

当前,我国的金融监管体制尚处于微观审慎监管的阶段。金融监管体系属于分业监管,监管模式主要表现为机构监管。机构监管存在较大的问题。由于监管机构的立场和角度有所不同,它们之间往往缺乏协调与合作,常常会出现监管套利和监管真空。目前,我国还缺少一种切实的金融监管协调机制,也没有一个机构可以在"一行三会"的基础上发挥组织协调的职能。单一的监管目标往往更注重单个金融机构的风险管理,而不是整个金融系统的稳定。每个金融监管机构都有加强宏观审慎监管的动机,但缺乏一个涵盖整个经济体系和金融体系的宏观审慎监管框架,也没有一个真正针对整个金融体系的系统性风险监管者。当然,在一个市场不成熟、开放程度较低的金融体系中,这种监管体系缺陷与不足还没有完全暴露出来。

在短期内,我国并不具备因系统性风险而引发金融危机的条件,但我国金融机构相当一部分由国家控股,大部分金融机构在经营理念、行为模式以及风险暴露等方面具有极高的同质性,存在较高的系统性风险隐患。在2008年全球金融危机中,中国也受到了较大的冲击,但这些冲击主要集中于实体经济的层面而非金融体系的层面。其中,最主要的原因是,目前中国的金融体系是特定经济与社会发展阶段的产物,随着中国经济的进一步发展,人们对金融服务多样性的需求日益增长,金融体系也会更加开放,金融市场也将更为活跃,这对金融监管提出了更高的要求。从长期来看,建立一个符合我国金融需求的宏观审慎监管体系,将有助于维护我国金融系统的稳定。

2. 金融法律体系的缺失与过度行政管制

近年来,我国金融监管的法律体系已经得到了较快的发展,但是仍然存在一些不完善的地方,一些重要的金融法规还没有出台。例如,我国的存款保险制度仍然迟迟未能建立,金融机构的市场退出制度也没有很好地设计。而且,金融法律的缺失往往会导致金融监管机构的权限过大,从而又造成过度的行政管制。

由于法制约束力较弱,金融监管机构在没有法律规范的情况下,可能会随意行使权力。特别是在监管机构面对大量的实际问题、法律不到位的情况下,靠政策和文件随意行使权力的情况是不可避免的;或者法律对金融监管机构的授权过于宽泛,导致监管机构权力没有受到法律的有效约束,随意干预的可能性很大。金融法律在很多时候过多关注如何保障金融管理权力的行使,而在如何保护对方权益和社会公共利益上则考虑不够,监管机构的责任少,而金融市场参与者的义务多。金融监管机构行政权限过大,这需要我们改变传统的行政授权方式,在金融法律中明确监管机构的具体权限、责任以及违法的后果。

四、中国宏观审慎监管的改革需求

发达国家和地区进行的金融监管改革,对我国来说具有非常重要的借鉴意义。值得借鉴的不仅仅是金融危机留下的教训,还在于这些经受住危机考验的基本金融监管制度安排。中国金融监管体系的进一步完善和发展,需要这样的参照体系。宏观审慎监管制度的构建,是一项复杂的系统性工程。我们主要从中国人民银行的角色、金融的顺周期性以及系统重要性机构这几个方面,来分析我国宏观审慎监管制度的构建。

1. 金融的顺周期性与附带货币政策的逆周期监管

宏观审慎监管的核心是研究开发有效的宏观审慎监管政策工具。目前,在金融稳定理事会的总体协调和指导下,银行领域的宏观审慎监管政策工具主要由巴塞尔银行监管委员会组织研究,保险领域的宏观审慎监管政策工具则由国际保险监督官协会组织研究。各国监管机构的主要任务是积极参与国际组织的相关工作,加强对宏观审慎监管工具的研究与开发,并根据本国国情决定是否及如何具体实施。

根据我国经济、金融体系的发展变化,参照国际金融监管机构和其他金融监管当局在宏观审慎监管方面的探索与实践,我国需要不断地探索、完善宏观审慎监管政策,并且与货币政策进行配合。一是实施留存资本缓冲和逆周期资本缓冲。要求商业银行在达到最低资本充足率8%的基础上,计提留存资本缓冲和逆周期资本缓冲,即在经济上行期计提,在经济下行期吸收损失的动态超额资本,以增强商业银行应对经济周期冲击能力,降低银行体系信贷供给的周期性波动。在相应的时期内,货币政策的变动可能又会引发银行流动性的变化,因此,宏观审慎监管还必须考虑跟货币政策之间的互动。二是建立动态拨备制度。根据商业银行贷款增长情况、贷款潜在损失等因素,将拨备覆盖率监管指标逐步从100%提高到150%,从而提高银行业风险抵御能力。三是引入杠杆率监管制度。根据巴塞尔委员会的最新研究进展,在现有的风险加权资本充足率要求之外,引入简单、透明、不具有风险敏感性的杠杆率指标,有效控制银行及银行体系的杠杆化,防止银行机构的过度扩张和过度承担风险,从而控制系统性风险。

事实上,建立宏观审慎监管体系的目的就是消除由新巴塞尔协议以及会计准则带来的对金融系统的顺周期性影响。因此,我国应进一步研究金融体系顺周期的内在机理,并通过逆周期的政策建立适当的逆周期监管机制。我国目前的经济、金融发展存在自身的周期特征,尤其在资产价格波动上,产生了更多的系统性风险。实际上,我国的货币政策一直在努力控制这种系统性风险和金融体系顺周期性的发生,因此逆周期宏观审慎监管,还需要更多地与货币政策相结合,这可能会产生事半功倍的效果。

2. 系统重要性与宏观审慎监管

2008年全球金融危机告诉我们,"大而不倒"和"太关联而不能倒闭"的问题在金融监管中是非常重要的,因此加强对系统重要性机构的监管很有必要。具有系统重要性的金融机构,往往也是系统性风险的重要来源和传播载体。随着国有大型金融机构实力的增强、大型金融控股集团的形成,我国出现了混业经营的格局,进而也出现了类似美国的分业监管和混业经营的制度性矛盾。宏观审慎监管制度的构建需要重点加强对系统重要性金融机构的监管。

一方面,要确定金融机构的系统重要性。在综合考虑金融机构规模、不可替代性、杠杆比率和相互关联等因素的情况下,区分系统重要性和非系统重要性的金融机构、市场与工具。BIS和FSB等国际金融组织也提出了一系列区分系统重要性的定性方法和定量方法。例如,BIS提出了以夏普利值法来测量金融机构的系统重要性。BIS认为系统性风险测量的主要问题在于,如何将系统性风险分配到每个机构,并认为应当建立一个总体的方法,结合博弈理论综合考虑系统性风险以及各个金融机构在系统性风险中的相互作用。我国也可以在此基础上发展适合我国国情的测量方法,确定具有系统重要性的金融机构。

另一方面,监管机构要强化对具有系统重要性金融机构的监管。对于大型金融机构的资产负债表要严格管理,防止其杠杆率过度上升,确保大型金融机构的安全性;注重对大型金融机构的海外投资和资产的动态监管,协调好安全性和收益性的关系,防止大型金融机构的海外风险敞口过大;定期或不定期地对大型金融机构进行风险评估,防范系统性风险。在宏观审慎监管的框架下,更多地将"大而不倒"和"太关联而不能倒闭"的问题消除在萌芽阶段,而不是危机爆发以后。

3. 微观审慎监管的延续与中国人民银行职能的重新审视

我国目前主要施行的是以微观审慎监管为基础的监管模式,实行"一行三会"的分业监管。微观审慎监管职能主要由银监会、证监会和保监会承担,中国人民银行负责货币政策的制定,同时也履行少量的微观审慎监管职能。可以说,这种监管架构使微观审慎监管机构很难在未来的宏观审慎监管架构中处于主导地位。银监会、证监会和保监会中的任何一方都不具备处于主导地位的条件。作为宏观审慎监管体系的主导部门,必须具备能够宏观把控全局、维护各部门的共同利益并及时处理单个机构或金融体系中的问题的能力和条件,以保证金融业的安全和稳健发展。在这个意义上,中国人民银行显然最符合宏观审慎监管的要求。不仅如此,由于中国人民银行独具最后贷款人职能,所以它具有维护金融稳定和实施宏观审慎监管的天然优势。

在新的宏观审慎监管架构中,政府应明确中国人民银行为宏观审慎监管的责任机构。微观审慎监管机构与中国人民银行应实现信息共享,中国人民银行负责监控金融体系的系统性风险,并定期将分析结果和建议反馈给微观审慎监管机构,微观审慎监管机构根据中国人民银行的建议采取适当的措施。有必要提及的是,我国财政部门、国有资产管理部门等也在一定程度上承担着稳定金融的责任,所以,建立宏观审慎监管框架,就必须建立既兼顾各方又明确分工的协作机制。

在我国经济转型的过程中,由于经济与金融形势变化极快,中国人民银行在制定货币政策上需要花费更多的时间和精力。在财力、物力等多项因素的限制下,中国人民银行难以很快地完成角色转换,而且微观监管机构之间的协调本身也具有较大的难度,因此我国还可以考虑建立更高层面的金融宏观审慎委员会,承担类似欧洲系统性风险委员会、美国金融稳定监督委员会、英国金融稳定委员会的职责。

金融宏观审慎委员会与金融监管当局之间进一步加强沟通与协调,将各自掌握的宏观、中观和微观层面的金融情况进行对接和汇总,研究金融机构在风险暴露方面的共性特征与相关性、经营模式的可持续性以及整个金融行业的发展趋势、风险水平与特征,及时发现可能产生的系统性风险隐患并提出相应的政策建议。另外,金融宏观审慎委员会还可以强化宏观审慎监管政策工具与货币政策、财政政策的协调配合,并监督和评价中国人民银行、各监管机构的实施情况与效果。

第四节 结构安排、研究方法与主要创新

在研究内容上,本书沿着2008年全球金融危机后宏观审慎监管的理论基础和国际监管改革,结合中国金融体系的具体特征展开研究。

第一,本书对金融宏观审慎监管的基本内涵和演进过程进行了较为系统的综合,通过文献综述,理顺了宏观审慎监管理论的发展脉络。在时间和空间这两个方面,宏观审慎监管都出现了较多的理论演进和改革实践。这部分的创新主要体现在文献研读和分类的细致性。

第二,本书分析了中国金融体系顺周期性和逆周期宏观审慎监管改革,主要的创新之处在于紧密结合巴塞尔协议的发展并进行讨论,使分析更加具体、直观。从《巴塞尔协议Ⅰ》《巴塞尔协议Ⅱ》到《巴塞尔协议Ⅲ》,经历了30年左右的时间。本书从巴塞尔协议本身的制度设计与宏观审慎监管理念之间的关系进行分析,有助于我们理解中国金融体系顺周期性和逆周期改革。通过资本监管、贷款损失拨备、大小型

金融机构的不同反应研究,我们对中国金融体系的顺周期性进行了实证检验,也提出了在中国开展实施《巴塞尔协议Ⅲ》后需要改革的方面,包括加强资本充足率计量方法改革、逆周期资本缓冲提取制度改革、杠杆比率监管改革等。

第三,中国金融体系正处于一个转型阶段,资产价格的波动是一个重要特征,本书试图从资产价格视角分析系统性风险和宏观审慎监管。研究构建了包含资产价格波动和金融加速器的宏观审慎监管模型,并在此基础上分析宏观审慎政策带来的冲击效应。模型将宏观审慎监管政策纳入一般均衡的分析框架中,结合信用周期进行相关分析,便于我们讨论宏观审慎监管工具的作用,并可以进一步结合货币政策进行研究。这部分的创新在于融合宏观审慎政策与货币政策分析框架,结合DSGE方法进行模拟分析。这部分在本书的后续研究中具有较好的拓展性,DSGE方法和货币政策的分析将为我们带来更多的启示。

进而,本书也在资产价格视角上讨论了宏观审慎政策与货币政策的协调机制。虽然货币政策着眼于长期价格稳定目标的实现,但是在短期内可能会出现信贷和资产价格的过快增长,从而出现金融失衡、物价水平偏离政策目标的现象。货币政策和宏观审慎监管与资产价格间存在特殊关系,本书更多地从资产价格的视角来考察宏观审慎监管与货币政策之间的内在协调机制将是有益的尝试。

中国金融体系转型的一个重要现象是影子银行体系的发展壮大。这在很大程度上促进了资产价格的不稳定、风险资产的激增和系统性风险的累积,本书也对这一主题进行了初步讨论,提出了影子银行风险资产的监管规则和方法,以逐步降低这方面的系统性风险。

第四,关于逆周期宏观审慎监管工具的作用机制和监管原则的讨论,逻辑上很重要,只是深入地探讨具有较大难度。政策规则的不同设计会对政策行为的结果产生十分显著的影响,所以监管部门历来都十分重视政策规则的设计。货币政策的使用一直存在着是基于规则,还是相机抉择的争论,这也是货币政策数十年来研究的热点。在宏观审慎监管工具的政策使用上,也是如此。基于规则通常能够提高宏观审慎政策的透明性,有利于稳定社会公众的预期,但相机抉择往往能够在不同的环境中有所作为,尤其是在危机管理阶段。

第五,关于中国逆周期金融宏观审慎监管框架的构建与制度设计,本书从金融逻辑上进行了探讨,也结合欧美国家的案例进行了分析。宏观审慎政策的目标是以平滑金融和信贷周期来防止系统性危机,并缓冲这些不利影响。宏观审慎监管工具体系是宏观审慎管理框架的重要组成部分,但不同的国家根据其自身经济和金融发展的情况,选择的宏观审慎监管工具和监管框架可能并不相同。从金融逻辑、实际案例对中国宏观审慎监管框架的构建进行分析,对我们有一定的启示作用。

本书的特色在于研究视角的创新实践。一是围绕《巴塞尔协议Ⅰ》到《巴塞尔协议Ⅲ》的发展来分析金融体系顺周期性产生的内在逻辑,并结合中国的实际数据进行实证检验,然后讨论宏观审慎监管的逆周期政策。二是从资产价格视角构建宏观审慎政策的一般均衡模型,讨论宏观审慎政策的冲击效应,并扩张到货币政策的融合讨论。在资产价格层面上,宏观审慎政策与货币政策的协调机制也会越来越重要,国际政策的协调机制也日益重要。

本书在融合已有的多种宏观审慎理论的基础上,进行实证分析和逻辑推演,并试图从资产价格这一视角进行突破。虽然原创性的突破还不多,但这方面的努力拓展了本书的研究范围。本书发现宏观审慎政策在资产价格问题不断出现的金融特征下、在货币政策常常显得无助的金融环境下,将起到越来越大的作用。金融宏观审慎监管是一个宏观问题,但微观的传导问题却显得更为重要。在《巴塞尔协议Ⅲ》的推进、实施和货币政策的不断深化下,进一步基于资产价格视角的研究将起到融合带动作用。

本书也提出了相应的一些对策和建议。

第一,在《巴塞尔协议Ⅲ》实施的过渡和实践期内,应当允许政府和有关金融监管当局围绕系统性风险采取防范措施,逐步建立和健全较为完善的宏观审慎监管框架。除了继续采取措施,不断完善现有的顺周期性和系统重要性金融机构的监管外,还需要在监管法律和制度层面不断创新。

与英美相比,中国宏观审慎监管框架的监管理念亟须变革。例如,在中国的监管理念中,宏观审慎政策缺少财政部门参与。一国金融体系的稳定与政府财政能力密切相关,在不少经济体的宏观审慎管理框架中,财政部都占据重要位置。这不仅因为财政部在使用公共资金维护金融稳定过程中担当重要角色,也因为宏观审慎政策和货币政策需要与财政政策的配合才能更加有效。

第二,逆周期宏观审慎工具,都具有动态的特点,以动态的视角来看待它是较为合理的做法。逆周期宏观审慎监管改革,在宏观审慎监管工具的改革上,动态化工具是一个较好的改革方向。根据我们的分析,包括贷款价值比等工具在抑制资产价格泡沫、防止系统性风险累积等方面都具有很好的作用。因此,如果运用得当,那么设置动态的贷款价值比是非常理想的。在动态拨备制度、差别存款准备金制度等问题上,动态的工具创新将是十分有益的尝试。

第三,金融宏观审慎监管的国内外协作机制,将起到越来越大的作用,这可能也是一个监管改革创新的方向。除了国内与货币政策、财政政策的协调外,在国际上与国际金融组织和各国宏观审慎监管机构之间的合作也非常重要。

通过相应的宏观审慎工具来限制系统性风险的积累,从而维护整个金融体系的稳定性,是金融宏观审慎政策的首要目标。但宏观审慎监管只是其中的一个手段,宏观审慎政策与货币政策、财政政策的协调和配合使用,才能真正维持整个金融体系的平衡和稳定。宏观审慎政策与货币政策的协调、与财政政策的搭配等主题还需要深入研究。另外,宏观审慎监管是否会带来风险的转移、与金融创新之间的关系、动态的贷款价值比设置规则等问题,都是值得探索和研究的。

第二章 宏观审慎监管的演进历史与基础内容

第一节 宏观审慎监管的缘起、演进与定义

宏观审慎监管对应的英文是 Macroprudential Supervision 或 Macroprudential Supervision,常见的词汇还有"宏观审慎性""宏观审慎管理""宏观审慎政策"等。宏观审慎监管是区别于微观审慎监管的一个概念,实质上是以防范系统性风险和维护金融系统稳定为目标的金融监管方式。

一、宏观审慎监管的缘起与演进

(一)宏观审慎监管的缘起

自 2008 年全球金融危机爆发以来,宏观审慎监管开始受到人们的重视。实际上,宏观审慎监管概念的提出已经有了比较长的时间。早在 1979 年 6 月,库克委员会在一次报告中首次提到了"宏观审慎"一词,当时的讨论主题是国际银行贷款到期转换的数据收集。库克委员会的报告指出:"微观审慎问题一旦融入宏观经济因素,微观审慎问题就演变成了宏观审慎问题。委员会应当对宏观审慎问题保持合理的关注,并把这些问题同宏观经济问题相联系考虑"(BIS,2010)。当时库克委员会关注的主要是单个银行的放贷问题,因此该宏观审慎概念

和现在提到的宏观审慎还是有一些区别的。

1979年10月,英格兰银行发布了一份关于银行业创新的研究报告。该报告研究了如何运用宏观审慎措施去控制贷款,并且对比了微观审慎和宏观审慎的相关方法。报告通过对单个银行的微观审慎监管措施与宏观审慎监管措施的对比,认为审慎监管措施主要涉及银行的稳健经营以及单一银行对存款人的保护,大部分微观审慎监管方面的工作已经完成。当时国际清算银行的经济顾问,指出尽管单一银行的增长看起来是可持续发展的,但是银行业信贷总额却无法长期地持续增长。微观审慎监管将重点完全放在了个体金融机构上,难以从整个金融体系考虑问题,导致对风险的低估,因此金融监管机构应当建立覆盖整个金融体系的框架,从微观审慎和宏观审慎两个视角对国际银行体系进行有效的监管。宏观审慎监管的理念是,金融市场面临的问题与单个银行面临的问题是有很大差异的。随后,相关工作小组在给G10峰会的报告中至少提到了7次"宏观审慎监管"。

到了1986年,"宏观审慎"一词在公开文件中出现。欧洲货币常设委员会ECSC(Euro-currency Standing Committee)在一份名为"当前国际银行业的创新"的报告中,专门讨论了"宏观审慎监管"的概念,并将其定义为"维护广义的金融体系、支付安排安全和稳健的政策"。报告提出金融创新增加了金融体系的风险,极大地推动了资本市场衍生品及证券化的发展,并表示了对金融监管的担忧。该报告提出了金融创新与金融体系之间的几个冲突:监管套利问题、风险溢价定价问题、市场流动性高估、信息透明度、市场价格波动性的增长、整体债务程度的攀升等。虽然那个年代监管的重点仍然是单个银行,但是在巴塞尔银行监管委员会的推进下,欧美各国已经开始考虑金融系统性风险问题。随后,宏观审慎监管一词开始在ECSC和BIS的报告中数次出现。

(二)宏观审慎监管的演进

到了20世纪90年代,尤其是1997年亚洲金融危机爆发后,宏观审慎监管被多次提及,开始受到关注。国际货币基金组织 IMF(1998)发布的"迈向一个健全的金融体系框架"研究报告,指出要实行持续有效的银行监管,需要在微观审慎和宏观审慎两个层面开展。IMF 在 2000 年的报告中提出了更完善的统计指标,以衡量金融体系脆弱性。这些评估(如 FSAP)①和金融部门评估规划一起,成为全面评估金融体系脆弱性的重要指标和标准。IMF 提出的宏观审慎指标包括微观审慎指标和宏观经济指标两个部分。微观审慎指标主要包括资本充足率、资产质量、流动性指标等单个机构的稳健性金融指标;宏观经济指标主要包括经济增长、国际收支平衡、通货膨胀率等影响金融失衡的指标。1997 年亚洲金融危机后,东亚各国实施了卓有成效的改革,全球经济也处于一个长波繁荣的阶段,因此金融风险被广泛地低估,宏观审慎监管的思想并没有受到追捧。

到了 2000 年 10 月,时任国际清算银行总裁的 Andrew Crockett,在银行监管国际会议上对比了微观审慎监管和宏观审慎监管。他指出,微观审慎监管和宏观审慎监管的最大差异在于影响经济的方式和实现的目标,无关乎实现这些目标的工具。宏观审慎监管应该关注整个金融体系,目标是降低金融危机的成本。微观审慎监管的目标则是降低单一银行倒闭的风险,最佳的衡量指标是对客户和投资者的保护。Crockett 提出宏观审慎监管需要关注两个方面的政策:第一,风险是如何随着时间的推移而演变的,对此需建立相应的逆周期资本缓冲机制;第二,在某一时间点上,风险在金融体系内部是如何分布的,金融体系中具有相似风险的机构,尤其是那些系统重要性机构应当受到关注。Crockett 的观点引发了学术界和金融监管部门的广泛关注,实际上也演进到后来的"时间维度"的宏观审慎监管和"跨部门维度"的宏观审慎监管。由此,人们对于宏观审慎监管的理解也开始更为深入。

---

① FSAP(Financial Sector Assessment Programme)是指金融部门评估项目。该项目由 IMF 和世界银行于 1999 年联合启动,主要用于评估各国金融体系的脆弱性,评估内容包括金融结构评估、金融发展评估、金融部门评估、金融监管评估、基础设施评估等。

在2008年全球金融危机爆发后,宏观审慎监管得到了更多的重视,人们对金融体系与实体经济之间的关系展开了更深入的研究,认为宏观审慎监管是维护金融体系稳定和实体经济良性发展的重要措施。IMF等国际组织和各国金融监管当局开始广泛讨论宏观审慎监管的含义,讨论如何建立宏观审慎框架,如何运用宏观审慎工具。①

2009年7月,巴塞尔委员会成立了专门的宏观审慎工作组,以宏观审慎原则为指导,推动宏观审慎监管改革。在推进宏观审慎理念的背景下,《巴塞尔协议Ⅲ》应运而生。《巴塞尔协议Ⅲ》开始对原来以微观审慎原则为主的监管政策进行了大幅度的修改,一系列宏观审慎政策开始实施。例如,开始强化银行逆周期资本监管、强化流动性风险管理、强化系统重要性机构的监管、实施跨境危机管理、推动银行监管标准修订实施、推动会计准则修改。巴塞尔新协议在2010年G20首尔峰会上获得一致通过,表明了世界各国对宏观审慎监管理念的认同。在G20首尔峰会上,G20领导人批准了宏观审慎政策框架,其中包括对新兴经济体的改革。G20领导人认为新兴经济体应当更具前瞻性地改革金融监管体系,提高市场的统一性和有效性。自此,宏观审慎监管开始在各国实施,中国等新兴市场国家也开始积极地实践,宏观审慎监管进入了一个爆发式的发展阶段。

二、宏观审慎监管的涵义

(一)宏观审慎监管的定义

宏观审慎监管的定义有多种表达方式,其主体内容是一致的。国际清算银行BIS(2001)将宏观审慎监管定义为:宏观审慎监管是微观审慎监管的有益补充,宏观审慎监管不仅考虑单个金融机构的风险敞口,还会从金融体系的系统性角度出发对金融体系进行风险监测,进

---

① IMF,FSB等国际组织,以及G20峰会等都开始积极讨论宏观审慎监管,美国、欧洲、中国等监管当局都对宏观审慎监管框架的建立进行了探索和实践。

而实现金融稳定。① 相关研究指出宏观审慎监管是指利用一些金融稳健性指标和宏观经济指标对金融体系波动进行评估和监测。

Borio(2013)认为金融体系的系统性风险取决于金融机构的集体行为,而个体理性的行为有时可能是集体非理性的,甚至造成整个体系的不稳定。系统性风险的分布主要有两个方面:一是时间维度,指金融体系的总体风险随时间如何变动;二是空间维度,即跨行业维度,指在特定时间内风险如何在金融体系的各个金融机构之间分布和作用。

从时间维度看,宏观审慎监管应对风险随时间变化而变化的关键节点是,系统性风险如何扩大金融体系或实体经济之间的反馈效应。在经济扩张时,以信贷大幅扩张和资产价格泡沫为特征的私人部门资产负债表容易过度扩张,从而推动经济繁荣;在经济衰退时,金融体系的压力导致资产负债表过度收缩,又会进一步加剧经济衰退。从空间维度看,宏观审慎监管应对特定时间点风险扩散的关键是,处理金融机构面临的共同风险敞口,它决定了整个金融体系的损失。因此,关键问题是要限制大多数金融机构遭受损失的风险及其翘尾风险(Borio,2003;Angelini,2014)。

Knight(2006)认为,宏观审慎监管关键有两个因素:一是要关注整个金融体系,而不是单一金融机构,并强调金融危机造成的宏观经济损失。二是要关注系统性风险对金融机构集体行为的依赖,强调资产价格和宏观经济容易受到金融机构行为的影响。

英格兰银行(2009)提出,因金融体系顺周期性产生的风险可以称为集合性风险,而因相互关联的金融网络之间的溢出效应产生的系统性风险可以称为网络性风险。宏观审慎监管的主要任务就是降低集合性风险导致的违约概率,同时降低网络性风险带来的金融体系违约损失率。②

宏观审慎监管是一种聚焦于金融体系的整体性,并重点处理金融机构集体性行为所导致的内源性总体风险的政策。Bernanke(1999)等

---

① BIS, "Cycles and the Financial System", 71st Annual Report, June 2001, pp.123-141.
② Bank of England, "The Role of Macroprudential Policy", Discussion Paper, Nov. 2009.

认为,宏观审慎监管应该建立一个广泛的政策框架,其职能应当涵盖以下几个方面:第一,要监控庞大的金融体系风险,更多地关注跨机构或跨市场的情况,而不是着眼于单一金融机构和产业部门;第二,要正确评估金融体系的潜在脆弱性,例如杠杆式金融借贷和金融市场变化等因素所带来的系统性风险;第三,要关注金融机构之间、金融市场之间的潜在关联效应,例如关联度较高的金融机构之间可能相互承担风险;第四,要检测和发现对金融体系构成威胁的监管漏洞,并做出相应的改革。

2008年全球金融危机爆发以来,我国学者也对宏观审慎监管进行了多种定义,但内涵是相似的(刘仁伍,2012;巴曙松,2015)。"宏观审慎监管""宏观审慎管理""宏观审慎性""宏观审慎政策"等表达方式也被运用在不同的场合。中国人民银行(2010)的报告指出,宏观审慎管理框架主要有三个方面:第一是宏观审慎分析,即系统性风险的识别;第二是宏观审慎政策的选择,即如何应对系统性风险;第三是宏观审慎工具的运用,即怎样实现宏观审慎的政策目标。有关宏观审慎监管的表述是多种多样的,但其中都涵盖了防范系统性风险,对整个金融体系进行监管的精髓。

(二)宏观审慎监管与微观审慎监管的主要区别

从宏观审慎政策的内涵来看,微观审慎监管和宏观审慎监管都是金融体系稳定的基础。但是,微观审慎监管和宏观审慎监管在监管对象、政策目标、风险性质、内在关联性等方面是有实质性区别的(表2-1)。从监管对象来看,微观审慎监管主要针对金融机构个体,而宏观审慎监管则面向整个金融系统。从监管目标来看,微观审慎监管旨在减少单一金融机构的风险,从而保护消费者和投资者利益;宏观审慎监管则旨在降低系统性风险,避免系统性风险对金融体系和经济产出的潜在冲击。由于微观审慎监管考虑的是防范单一金融机构的风险,其应对风险的行为是独立于机构之外的,即风险是具有外生性的。宏观审慎监管的视角认为,金融体系的整体风险取决于金融机构及其相关的个体或集体行为,风险在一定程度上是内生性的。

表 2-1　宏观审慎监管与微观审慎监管的比较

项目	宏观审慎监管	微观审慎监管
监管对象	整个金融系统	金融机构个体
监管的直接目标	减少系统性风险	减少单一金融机构风险
监管的最终目标	避免经济产出(GDP)成本增加	保护消费者利益
风险的性质	(一定程度)内生性	外生性
机构间的共同风险暴露及相关性	重要	不相关
审慎监管控制的实现方式	自上而下,关注系统性风险	自下而上,关注单一金融机构风险

资料来源:Borio(2003)。

微观审慎监管并不关注金融机构之间的相互关联和影响,宏观审慎监管认为金融机构之间会通过资产负债表相互关联,存在着共同的风险暴露,而且这种共同风险暴露非常重要。在审慎监管控制的实现方式上,由于微观审慎监管的目标是防范单一金融机构的风险,所以采取自下而上的监管方式。由于宏观审慎监管的目标是防范整个金融体系的风险,所以采取自上而下的方式来实现金融稳定。

2008年的全球金融危机已经表明,虽然微观审慎监管发展得比较完善,但如果没有宏观审慎监管的补充,整个金融体系仍然是不稳定的。微观审慎监管主要是为实体经济提供稳定、可持续的金融中介服务的,而宏观审慎监管则是建立在微观审慎的机制之上的。良好的协调和融合可以相互促进,提升应对风险的能力,增强金融体系的稳定性。

第二节　宏观审慎监管的基本内容

一、基于时间维度的宏观审慎监管

(一)时间维度下金融体系的顺周期性

时间维度的风险是隐藏在金融体系内而在不同时期表现出来的

风险,具体表现为金融体系在时间上的顺周期性。逆周期金融宏观审慎监管的研究也是从金融体系的顺周期性开始,进而从时间维度计量系统性风险,形成逆周期的调控机制。金融体系顺周期性的成因可以分为外部因素和内部因素。外部因素主要包括金融摩擦或市场的不完备性,资本监管、贷款损失拨备、会计准则的顺周期性等因素。内部因素主要包括系统性风险计量方法和金融模型的顺周期性、薪酬激励制度的顺周期性等。

FSB(Financial Stability Board)(2009)将金融体系的顺周期性阐述为金融体系和经济周期波动的相互反馈机制。金融体系可以放大经济周期,而经济周期波动反过来也会影响金融体系的稳定。这种类型的反馈机制在经济下行时会变得更为严重,因为这时金融体系会面临更大的压力。当某一个金融机构发生损失时,例如一家商业银行受到负面冲击,其缓冲资本就可能迅速减少。作为应对,银行就会减少信贷或者出售资产。其他金融机构如果也出现类似的情况,那么就会对经济活动造成负面影响,从而使金融体系进一步恶化。

1. 金融加速器与金融体系的顺周期性

金融体系顺周期性产生的原因有很多种解释,其中 B-G-G(1999)提出的"金融加速器"模型是得到广泛应用的一种。① 金融加速器是和金融摩擦、金融市场的不完备性联系在一起的。金融摩擦不仅会影响到微观经济的效率,也会影响到宏观经济的波动。

当一个相对小的冲击出现时,整个经济体系则会产生较大的波动(Small Shocks, Large Cycles),其原因在于信用市场条件的改变。也就是说,负向的冲击对经济体系产生的影响是来自信用市场条件的恶化。金融加速器理论可以较好地解释这种典型的金融顺周期性效应及其传导机制。金融加速器模型认为企业的投资回报是私人信息,银行在付出一定的监督成本后才能获知。当银行与企业形成最优关系

---

① Bernanke, Gertler 和 Gilchrist(1999)提出了著名的"金融加速器"模型。

时，企业的外部融资溢价与企业净值之间会呈现出反向关系。这里企业外部融资溢价，是指企业外部融资成本与内容融资机会成本之差。企业净值是企业可用于清偿的流动资产和抵押资产之和。银行对企业的信贷依赖于企业的资产负债情况。

当经济上行，企业遭受到外生正向冲击时，其净值随之而升高，外部融资溢价降低，从而社会总投资、消费和产出水平的扩张；当经济下行，企业遭受到外生的负向冲击时，其净值随之而降低，外部融资溢价升高，从而社会总投资、消费和产出水平降低。这种通过信贷市场的放大效应而来的外生冲击效应就是金融加速器理论的主要思路。

Kiyotaki 和 Moore(1997)在研究信贷市场的不对称信息问题时，得到了类似的结论。他们主要是在探讨经济周期上，信用限制是如何与宏观经济活动互相影响的。他们的研究认为，由于银行无法提前终止贷款合同，因此面临的主要是道德风险问题，也就是事后的信息不对称问题，银行在放贷时就会高度依赖于抵押资产。该研究假设有一类高杠杆率的企业，其贷款已经达到抵押上限。一旦企业遭受外生冲击，企业净值则会减少。由于受到信贷约束，企业无法扩大融资，从而不得不削减投资。投资减少又会影响下一期的收入，导致企业下一期的净值继续减少，从而进一步削减投资。同时，投资的减少又降低了资本品的需求，使得资产价格下降、企业信贷约束进一步收紧，投资进一步削减，从而形成了一个负反馈机制，经济波动不断扩大。对于一个经济体系来说，信用限制是由内生决定的。在这个经济体系中，一个短暂性冲击会降低土地价值，使生产者的抵押品价值下降，导致借款限制变紧，进而减少生产和消费。这样又将造成土地价值的再次降低，并且随着时间演变冲击又会进一步扩散。

Kiyotaki 和 Moore(2009)进一步研究了外生性冲击通过企业资产负债表的传染机制。研究认为，供应链可以将企业的资产负债表关联起来，由于受到信贷约束，初始环节的流动性困难会导致债务延期，从而导致一系列的产出中断和产出损失。因此，在一个经济体系中，企业信用链的长度和信息杠杆的大小,会决定外部冲击对经济体系的影响大小。

Ernesto(2009)等人的研究认为①,虽然金融加速器在经济周期中扮演了重要的角色,但并不足以产生如此规模的金融不稳定性,造成如此巨大的经济波动。研究认为金融体系的顺周期性,主要来源于市场参与者对风险变化的不当反应。这种不适当的反应主要在于风险是难以有效测量的,会随着时间的推移而改变。风险常常在经济上行时被低估,在经济下行时被高估。在经济上行时,抵押品价值上升,信贷快速增长,存贷息差被人为压低,金融机构会持有相对较低的资本和拨备。在经济下行时,风险和贷款违约率则被高估。由于一系列风险测量的困难因素,银行往往着眼于风险的短期测量而忽视了风险的长期测量。研究者认为如果金融机构能够从长期的角度来考虑风险,不仅有利于金融机构的稳健经营,还有利于缓解经济活动中金融强化作用。但是,金融机构很难准确地区分某一个事件是否会沿着周期性方向演进,尤其当金融条件和实体经济相互作用时,这种周期性情况更加难以测量和判断。

2. 资本监管与金融体系的顺周期性

从资本监管上看,巴塞尔新资本协议所具有的风险敏感性使其具有内在的顺周期性。这种顺周期性只能部分缓解而不能根本消除。银行在利润目标的驱使下,往往会采用更短期、也更具有顺周期性的风险计量方法。而且新资本协议只考虑了银行机构的个体风险,没有考虑到整个银行业甚至金融系统的风险,这也促使更多国家关注逆周期资本缓冲的宏观审慎监管。

对于信用风险的衡量,1998年启动的巴塞尔新资本协议允许银行

---

① Claudio Borio, Craig Furfine and Philip Lowe, "Procyclicality of the Finnacial System and Financial Stability: Issues and Policy Options", BIS Paper, 2001. Joe Ernesto, "The fundamentals of Procyclicality of the Financial System", Bangko Sentral ng Pilipinas, Economic Newsletter, July 2009.

选用标准法或者内部评级法。标准法根据外部评级来确定风险权重，而内部评级法则允许商业银行采用内部计量的违约概率、违约损失率、违约暴露风险和期限等风险参数计量监管资本要求，因而大幅度提高了资本监管的风险敏感性。相关研究发现，采用内部评级法计算的资本监管的顺周期性的案例比之前的《巴塞尔协议Ⅰ》要增加30%。

有学者认为，由于监管资本、违约概率和违约损失率呈正向关系，风险敏感性的提高必然伴随着顺周期性的增强。当经济处于上行期时，借款人财务状况改善，内部评级上调，违约概率降低。抵押品价格上升，使贷款的违约损失率降低。同时，贷款承诺的提取比例降低，信用转换系数减小，使违约暴露风险下降。当经济进入下行阶段，则借款人的财务状况恶化，内部评级下调，违约概率上升。抵押品价格下降，使贷款的违约损失率上升，违约暴露风险也随之上升。

在内部评级法下，金融监管当局决定了风险权重函数。风险参数是风险权重函数的输入变量，因而这些风险参数的顺周期性就转换为风险权重和资本监管要求的顺周期性。当经济上行时，违约概率、违约损失率、违约暴露风险等因素都呈现出下降趋势，风险权重减小，资本监管要求降低。这使得银行可以继续扩张信贷，推动经济进一步向上发展。当经济下行时，情况正好相反，资本要求会有所提高，使得银行收缩信贷，推动经济进一步向下发展。

有学者认为《巴塞尔协议Ⅱ》中的顺周期性受到一系列因素的影响，包括银行资产组合的组成、银行计算最低资本要求的方法、银行采用的评级系统的特性、银行持有的资本缓冲、对信用风险演化的看法、信用风险管理的提升以及监管和市场干预的程度，因此《巴塞尔协议Ⅱ》的放大顺周期性效应仍值得探讨。相关学者收集了西班牙银行1987年至2008年的数据，通过Logistic回归分析，实证检验了违约概率和经济周期的关系，结果发现内部计量的违约概率与经济周期之间存在显著的负相关关系。他们建议用基于GDP增长率的乘数来平滑风险权重函数的输出变量，并指出该方法的优点是简单、透明且与银行的风险定价、风险管理体系相一致。

3. 贷款损失拨备与金融体系的顺周期性

从贷款损失拨备来看,由于贷款损失拨备的计提存在一定的滞后,因此经济变动带来的信用风险不能体现出来,造成经济上行时少提而经济下行时多提的现象,从而使贷款损失拨备也具有顺周期性。因此,构建具有动态性和前瞻性的逆周期拨备机制,也成为各国重点考虑的机制。

在金融学上,拨备一般指金融机构的贷款损失拨备,主要用于覆盖贷款的可能损失。它能够反映出银行所承担的风险和成本,并通过直接冲减净资产的方式真实地反映金融机构的经营管理水平和资产质量。贷款损失拨备的顺周期性主要来自会计准则的拨备计提规则。拨备计提规则认为金融机构职能对实际发生的损失或未来确有可能发生并能有效估计的损失计提拨备,使拨备具有较强的滞后性。在经济上行期,银行贷款违约率和违约损失率下降,计提的损失拨备也相应减少,金融机构顺其自然地增加贷款。在经济下行期,情况则正好相反。

国内外的实证研究也表明,银行的贷款损失拨备确实具有很强的顺周期性。Borio(2003)对1980年以来十个OECD国家的研究表明,贷款损失拨备与经济周期表现出非常明显的负相关性。Bikker和Melzemakers(2005)对OECD国家和地区的8 000家银行近10年的数据分析说明,如果将GDP增速低于3%和高于3%的情形相比,前一种情形多提的拨备超过了60%。我国也有很多学者对中国的情况进行了相关分析,发现中国也存在类似的顺周期性情况(李文泓,2009;姜华东,2014)。

现行的会计准则,要求企业必须计量或核算发生了的交易或事项,对于那些尚未发生的交易或事项则不予考虑。这种方式可以防止出现金融机构的管理层以不正当的手段操纵财务数据,进而获取利益的现象。因此,银行只能根据已经发生的损失事件等客观证据来估计可能的损失并计提拨备,从而使拨备计提产生较强的滞后性。由于准则的适应和改变需要时间,中国的贷款损失拨备也具有相应的顺周期性,而且这种顺周期性表现得非常明显。

4. 会计准则与金融体系的顺周期性

公允价值会计准则加剧了资产负债表的波动性,加上缺乏对不活跃市场运用公允价值的指引,因而加剧了金融体系的顺周期性。因此,在微观金融环境下,看似合理的公允价值原则,在宏观环境下却会导致内在的不稳定,人们也开始寻找缓解其顺周期性的方法(IMF,2010;FSF,2009)。

现行的国际会计准则和美国的公认会计准则是当今主要的会计准则,两者都要求对交易类资产、可供出售类资产和金融衍生品按照公允价值进行计价。公允价值也称为公允市价、公允价格,指熟悉市场情况的买卖双方,在公平交易的条件下和自愿的情况下所确定的价格;或无关联的双方在公平交易的条件下,一项资产可以被买卖或者一项负债可以被清偿的成交价格。在公允价值计量下,在公平交易中熟悉市场情况的交易双方,自愿进行资产交换或者债务清偿的金额计量。

国际会计准则和美国公认会计准则提供了三个层次的公允价值计量方法。第一层次是盯市原则。对于那些在活跃市场进行交易并可以观察的金融工具的价格,按照活跃市场的市价对资产和负债进行公允价值计量。第二层次是按模型定价。对于那些没有在活跃市场进行交易的金融工具,在对其进行公允会计的价值计量时,主要参考同类产品的近期交易价格或是采用模型来估值,但采用模型估值时需要输入可观察的参数。第三层次是类似盯住模型法。对于那些没有市场或者市场流动性不足的金融工具,其价格用不可观察的输入参数和模型假设进行评估。

公允价值会计准则在一定程度上适应了金融衍生工具的风险计量需求,但公允价值会计准则的缺陷在金融危机中已经充分暴露出来。这种方法可以动态反映资产和负债的实时价值,与此同时,也加强了金融体系的顺周期性。在经济上行期,资产价格持续上涨,以市值计算的银行资产、收益、利润、奖金和资本都随之增长。这使银行可以继续扩张信贷,推动经济进一步发展。在经济的下行期,价格会引发资产缩水,形成亏损并打击市场信心。

例如,在2008年全球金融危机中,大量的抵押类证券在公允价值的计量方式下出现了未涉及现金流的大面积亏损。但是这些亏损实际上只有会计意义,至少有一种资产负债表的账目变化。由于资产负债表账面的巨额亏损导致了投资者的悲观预期,从而形成了"价格下跌—资产减少—恐慌性抛售—价格进一步下跌"的恶性循环①。应该说,公允价值会计准则的顺周期性对金融危机的爆发和深化也起到了推波助澜的作用。

(二) 时间维度下的逆周期宏观审慎监管

1. 逆周期的资本监管机制

巴塞尔协议的资本监管主要有三大支柱:最低资本要求、监管评估和市场约束。最低资本要求包括信用风险、市场风险和操作风险等;监管评估包括对银行系统、内部控制和风险管理进行监管,以判断资本充足率是否达到了规定的要求;市场约束的核心是信息披露。由于利益相关者关注银行的主要途径是银行所披露的信息。因此,巴塞尔新资本协议特别强调要提高银行的信息披露水平,即要求银行及时、全面地提供准确信息,提高透明度,以便利益相关者做出判断,采取措施。巴塞尔新资本协议要求银行披露资本充足率、资本构成、风险敞口及风险管理策略、盈利能力、管理水平及过程等。

最低资本充足率要求仍然是新资本协议的重点。该部分涉及与信用风险、市场风险以及操作风险有关的最低总资本要求的计算问

---

① 周小川(2009)对宏观顺周期性和微观顺周期性进行了详细的探讨。

题。最低资本要求由三个基本要素构成:受规章限制的资本的定义、风险加权资产以及资本对风险加权资产的最小比率。其中,有关资本的定义和8%的最低资本比率,没有发生变化。但对风险加权资产的计算问题,新协议原先只考虑信用风险,现在进一步考虑了市场风险和操作风险。总的风险加权资产等于由信用风险计算出来的风险加权资产,再加上根据市场风险和操作风险计算出来的风险加权资产。

巴塞尔新资本协议要求各国金融监管当局通过银行内部的评估进行监督检查,确保银行有科学可靠的内部评估方法和程序,使银行能够准确地评估、判断所面临的风险敞口,进而及时准确地评估资本充足情况。为保证最低资本要求的实现,巴塞尔新资本协议要求金融监管当局以现场和非现场检查等方法审核银行的资本充足情况。在资本水平较低时,金融监管当局要及时采取措施予以纠正。

在巴塞尔新资本协议的三个支柱中,第一支柱占据着最为重要的地位。在第一支柱下,信用风险估值的内部评级法是新资本协议的核心内容。根据前面的分析,信用风险的内部评级法与金融体系的顺周期性是紧密相关的。因此,风险计量模型或方法首先需要规避顺周期性。信用风险内部评级法的四个主要风险参数是违约概率 PD(Probability of Default)、违约损失率 LGD(Loss Given Default)、违约风险暴露 EAD(Exposure at Default)和期限 M(Maturity)。这四个参数会随着银行周期性的变化而变化,具有较强的顺周期性。

在应用内部评级法时,银行授信的风险权重是由违约概率 PD、违约损失率 LGD、违约风险暴露 EAD 和期限 M 的连续函数来表示的,函数由金融监管当局给出。如果以 RW_c 表示风险暴露的风险权重,以 BRW_c 表示基准风险权重,那么一个期限不到3年的风险暴露可以表述成:

$$RW_c = \min\{(LGD/50) \times BRW_c(PD) \times [1 + b(PD) \\ \times (M-3)], 12.5 \times LGD\}$$

风险参数是风险权重的自变量,同时也是风险权重函数的输入变量。因此,如果风险参数是顺周期性的,那么风险权重也就具有顺周期性,从而资本监管要求也是顺周期性的。

在经济上行期,评级机构会根据财务指标提高评级标准,违约概率 PD 会下降,抵押品价值会上升,从而违约损失率 LGD 会降低,违约风险暴露 EAD 也随之下降。风险权重 RW_c 也会下降。风险权重的降低意味着每一笔授信风险的下降,对资本要求也会随之减少,银行会增加发放信贷,经济得以增长。当经济下行时,风险权重就会增加,银行减少发放信贷,经济得以衰退。

由于风险参数的顺周期性会直接影响到资本监管的顺周期性,因此改进计量风险参数的方式,降低其顺周期性就变得非常重要了。巴塞尔银行监管委员会已经修订了风险参数的计量方法。例如,尽可能对各类影响风险权重的参数进行全周期法评级,尽量延长预测期限等。预测期限越长,风险参数会变得更加平滑,周期性波动也会越小。在 2008 年全球金融危机后,巴塞尔银行监管委员会认为在使用内部模型法评估时,市场风险的资本要求应当同时覆盖正常条件下和压力条件下的 VaR 值,数据更新频率从三个月一次缩减为一个月一次。

在《巴塞尔协议Ⅲ》时代,逆周期资本监管要求也开始实施。理论界和实务界达成了较好的共识:认为应当引入针对宏观系统性风险的逆周期资本要求,促使银行在经济上行时增加资本缓冲。金融监管当局可以对宏观经济、金融形势进行判断,决定是否需要增加额外的资本缓冲,或者减少资本要求。中国从 2013 年开始也进行了较好的改革,近期也开始实施逆周期资本缓冲要求。对于一些具有系统重要性的银行,中国银行业监督管理委员会(后文简称银监会)提出了额外的资本要求。

在资本监管减少顺周期性的问题上,目前主要的做法有两种。第一种是在最低资本充足率的基础上增加一个动态机制。在经济上行期,提高资本充足率,积累资金以应对金融危机冲击。提高资本充足率,降低了银行的放贷数量,抑制经济过热。在经济下行期,降低资本充足率以缓解银行流动性困境,抑制经济的进一步下滑。第二种是在资本充足率中引入非风险标准。金融体系的风险会随着经济周期的波动而波动,并对经济周期产生反作用。因此,在资本充足率要求中引入不随经济波动的非风险标准,会对顺周期性起到缓解作用。例如,可以通过设定杠杆率指标来控制资本充足率。运用不具有风险敏感性的杠杆率指标,可以弥补银行内部风险管理模型内在的缺陷,从而降低顺周期性。杠杆率指标已经成为一个重要的宏观审慎管理工具,在防止金融机构资产负债表的过度扩张和过度风险承担上,起到非常重要的作用。

2. 逆周期的前瞻性动态拨备制度

对于逆周期的拨备制度,G20(2009)和 IMF(2009)等进行了较为系统的研究,提出可以采用跨周期的拨备计提方法。在经济上行期,信用风险开始逐渐积累,但上行期风险不会表现出来。在经济下行期,这种信用风险就会显现。因此,在经济上行期就应该多提拨备,以抵御预期损失和非预期损失。这样,一旦违约率上升,信用的损失就可以减弱,而不必增提拨备以致信贷紧缩。

动态拨备制度的核心内容是鼓励银行在经济繁荣时多聚集贷款拨备,提高未来的风险抵御能力;而在经济衰退时少聚集贷款拨备,使银行有更多资金用于放贷,平滑经济周期对银行经营的冲击。实施动态拨备是宏观审慎监管的一项重要内容,有利于丰富宏观审慎监管工具箱,促进银行业、金融机构稳定、健康发展。

前瞻性的拨备制度具有较好的应对性,但在具体实施上存在一定的困难。其原因在于,前瞻性的拨备计提方法和现行的会计准则是存在一定冲突的。现行会计准则在进行核算时,企业必须是以已经发生的交易或者事项进行计量,对于那些尚未发生的交易或事项则不予考虑。如果对尚未发生的损失进行计提拨备,就会影响到财务报表的真实性。银行只能根据现有损失来估计损失计提拨备,从而使贷款损失拨备具有较强的滞后性。

由于前瞻性的拨备计提是基于对未来预期损失的评估,无论采取哪种模型,都要加入商业银行对于预期损失的判断。因此,银行根据不同模型对风险状况的评估就会影响到拨备计提的比例。银行在考察一笔贷款的风险时,应该从经济周期的角度来考察。银行需要考察贷款在整个贷款周期内可能会出现的经济周期状况,未来贷款违约的概率变动,贷款损失拨备的计提比例也需要进行相应的调整。

也就是说,银行需要计算一个贷款周期内的平均损失率。在经济上行期,贷款损失率小于平均损失率,就需要多提拨备,用来防范预期损失和非预期损失。在经济下行期,就需要减少计提拨备,防止经济的进一步衰退。这样,贷款损失拨备就可以根据经济周期进行逆周期管理。

另外,西班牙银行业在2005年开始实施的动态损失拨备制度也取得了良好的效果,欧盟也开始推广这种动态损失拨备制度。按照西班牙银行的要求,在西班牙注册的所有银行都需要按照规定计提动态拨备,外国银行在西班牙也需要遵守该项规则。动态损失拨备制度是在原来的专项拨备的基础上再加上一个预期损失准备。在资产负债表中,可以用预期损失累计值减去每年实际发生的损失作为一个总的信贷损失准备。如果预期损失的累计值小于实际损失,那么总预期损失准备会减少;如果预期损失累计值大于实际损失,那么总预期损失准备会增加。

西班牙银行体系的拨备制度是由三个部分构成的:一般拨备、专项拨备以及动态拨备①。我们可以用以下的公式来表达:

$$\Delta 动态损失拨备金变化_t = \alpha \times \Delta \delta_t + \beta \times \Delta \delta_t - \Delta 专项拨备_t$$

其中,δ_t表示贷款余额,α表示跨周期贷款损失率,$\alpha \times \Delta \delta_t$表示新

---

① 李文泓(2009)和苗永旺(2013)对西班牙银行体系的动态损失拨备金制度进行了总结。

发贷款的潜在损失,β 表示长期平均贷款损失率,$\beta \times \Delta \delta_t$ 表示长期平均专项准备,Δ 专项拨备$_t$ 表示根据会计准则扣除的专项准备。在数值确定上,通常可以使用内部模型法或者标准法来确定。一般 α 值为 $0 \sim 2.5\%$,β 值为 $0 \sim 1.64\%$。贷款风险种类越高,则 α 和 β 的取值越大。动态拨备的数值可以是正值,也可以是负值,取决于经济周期的不同阶段。

当经济处于上行阶段,期违约率低于历史违约率时,银行就会减少专项准备的提取,从利润中提取的损失拨备可以用来应对经济衰退时的银行困境。同时,银行利润的相应减少还有利于抑制信贷过度扩张。当经济处于下行阶段,当期违约率高于历史违约率,银行就会增加专项准备的提取,Δ 专项拨备$_t$ 增加。这时,银行所需的专项准备并不需要从利润中提取,而是从动态拨备中提取。银行不必为此收缩信贷,导致经济进一步下滑。

也就是说,动态拨备制度相当于建立了一个金融"蓄水池"或"调节器",对经济周期起到了逆周期调节的作用。虽然专项拨备和动态拨备会随着经济周期的波动而波动,但是计提的总储备每年都不会发生变化,等于 $\alpha \times \Delta \delta_t + \beta \times \Delta \delta_t$。

总体来看,跟传统拨备制度相比,动态拨备制度有了更多的进步。从内涵上,动态拨备制度要求拨备具有前瞻性,既要充分考虑风险现状,又要前瞻性预测未来风险的变化,而传统拨备制度强调拨备要具有回顾性,即反映历史事件所产生的风险,较少考虑未来可能存在的风险。从对充足性的要求上看,动态拨备制度要求具备考虑当前(已发生损失)和未来(预期损失)的能力,传统拨备制度只考虑已发生损失。从调整机制来看,动态拨备制度对拨备调整具有事前性和主动性,能够预先防范未来风险的变化,传统拨备制度对拨备调整具有事后性和被动性,即当损失事件已经发生后才对拨备进行被动的反应和调整。

建立动态拨备制度,提高拨备前瞻性,有利于抑制信贷的盲目扩张冲动,熨平经济周期的影响。西班牙是第一个明确将动态拨备引入银行管理和监管实践的国家,南美洲的哥伦比亚和秘鲁等国也都展开了实践,取得了较好的效果。

3. 逆周期的公允价值会计准则

国际金融危机后,业界发现公允价值会计准则具有较强的顺周期性,但是这种会计准则的进步性并不能被否认。与历史成本下的会计准则比较,公允价值会计准则仍然是主流趋势。但是,为了加强市场约束和金融稳定的需要,公允价值会计准则的框架需要进一步地完善。

BCBS(2009)建议进一步明确在不活跃市场运用公允价值会计准则的指引,尤其是对流动性不足的复杂金融产品的估值,需要合理地运用公允价值会计准则。对于那些使用公允价值会计准则存在困难的金融工具,则需要建立估值储备或者对估值进行调整①。在公允价值会计准则计量中,一些需要运用类似盯住模型法的金融工具,由于没有市场或者流动性不足问题,需要运用不可观测的参数来进行估值,这样的估值结果可信度大幅度下降。

可以重新对这种类型的金融工具进行估值,并且对财务报表中的账面价值进行调整。在估值调整中,在兼顾流动性和交易对手风险的情况下,需要对不当的资产价格进行修正,以便更好地反映真实市场的状况。在估值过程中,尽量地弱化资产价格和收益、利润的关系,缩小公允价值被高估或被低估的概率。这种估值调整的做法可以在很大程度上缓解公允价值会计准则的顺周期性。

另外,风险状况的公开信息披露也是有助于抑制顺周期性的。如果能对不活跃或者流动性不足的衍生工具估值方法、模型、假设和参数的设定进行更多的信息披露,提高公允价值会计准则的信息含量,那么投资者就可以根据自身的判断进行分析,做出更为合理的投资决策。BCBS(2009)建议提高金融市场和金融工具的透明度,特别是那些

---

① Basel Committee on Banking Supervision, "Supervisory Guidance for Assessing Banks' Financial Instrument Fair Value Practices", Basel Committee Report, BCBS, No.153, 2009.

金融衍生品的透明度,完善金融衍生品的信息披露标准。

金融衍生品的公允价值披露信息主要包括以下内容:公允价值的计量方法、估值模型的假设、内容、方法以及参数设定;参考数据的来源与获取;资产的潜在风险;市场的波动性和敏感性;利率风险、汇率风险、违约风险和道德风险等。只有增强了公允价值会计准则的透明度,加强了信息披露的要求,这种由于会计准则所带来的顺周期性才能更好地缓解。在大数据时代,金融机构甚至可以考虑建立统一的信息披露数据库,通过大数据来反映市场各类信息的变化,或者通过大数据来反映公允价值的变化。

二、基于空间维度的宏观审慎监管

(一)空间维度下系统性风险的传染机制

宏观审慎监管的空间维度关注的是在某一个给定的时间点,单个金融机构的风险是如何在金融体系内区分的。空间维度强调从系统性风险的角度自上而下地衡量每个机构对系统性风险产生的作用。金融体系各主体的相互关联和相互作用,会产生金融的系统重要性问题。某些系统性风险的影响会被放大到整个金融系统,产生巨大的破坏力。金融系统与实体经济通过信贷供给和资产价格等渠道的相互作用,产生相应的系统性风险。而金融机构之间的相互关联对系统性风险则具有强烈的放大作用,使金融风险更容易传染,进而也产生了"太关联而不能倒闭"和"太大而不能倒闭"的问题。从实践上看,空间维度主要考察具有系统重要性的金融机构和各金融机构的风险贡献率。

1. 金融机构的共同风险暴露

风险暴露是指未加保护的风险。金融体系会遭到一些因素的共同冲击,使金融机构在一定时间内面临相同的风险暴露,无法通过对冲来分散风险。金融中介机构在运行过程中,可能会与某个规模较大、但较为脆弱的机构签订金融合约，也可能与某个直接风险暴露的一方进行交易，从而使自己直接或间接地产生共同风险暴露。当整个金融系统的大部分机构，哪怕是很小的机构，都暴露在某种特定的风险之下时，系统性风险就产生了。一旦这种风险显露并且爆发，那么金融机构必然要同时采取行动抵御这种风险冲击。单体金融机构对经济走势判断和风险管理方法的趋同，使他们的行为具有高度的一致性。这种一致性行为往往会造成整个金融体系或资本市场的流动性显著下降，最终反而导致系统性风险的进一步扩大。

一些研究表明，金融体系的流动性黑洞问题主要来自市场参与者行为的异质性。如果在一个市场中，大家都以相同的方式、利用相同的信息、交易相同的金融工具，那么大家的交易行为就会趋向一致，市场就会面临急剧的波动性问题或者流动性黑洞问题。如果银行的同质性很高，那么就越容易发生传染，进而导致金融机构的倒闭①。

以房地产市场为例，如果某个金融机构的贷款或投资集中在房地产市场，那么一旦房地产市场受到冲击，金融机构就会面临巨大的风险暴露②。如果众多的企业都对房地产市场的贷款和信贷持有相似的偏好，那么整个金融体系都会面临巨大的风险。单一的金融机构没有把全部的风险暴露在房地产市场下，但是因为众多的金融机构都具有相似的风险暴露，因此整个金融体系会面临着巨大的系统性风险。一旦受到外部因素的影响，房地产价格受到冲击而下降，则所有的金融机构都会设法覆盖自身的风险暴露。这时，如果金融机构都采取相似的方式来应对，那么风险暴露就很难被覆盖。同时，问题资产和融资的流动性问题会面临断裂的风险，导致流动性不足，产生拥挤交易③。

---

① Persaud A D, "Liquidity Black Holes", Working Paper, State Street Bank, 2001.
② 白川方明(2010)对房地产行业的共同风险暴露进行了分析。中国近些年在房地产行业的巨大投资和信贷，存在着类似的问题，对我国房地产业后续的发展具有很好的借鉴意义。
③ 拥挤交易(crowded trade)一般是由市场参与者对市场风险判断的一致性所导致的。

大部分的金融机构在风险管理上,使用的都是较为基本的金融模型。由于数理金融模型的复杂性,金融机构管理风险的方法也是极为相似的。根据这种相似的金融模型,金融机构在应对风险暴露时的应对方法、交易期限、处理方式也都具有相似性,从而导致系统性风险的波动程度更大。

2. 系统重要性机构的传染机制

金融体系已经变得越来越复杂,已经形成了一个由资产负债表相互关联的网络系统。其中,大型金融机构处于支付的中心环节,一旦出现问题,就可能产生溢出效应,给其他金融机构也带来相应的冲击。金融机构之间相互关联,使金融系统网络结构非常发达,单个金融机构对于网络内的其他机构而言具有外部性特征。一旦倒闭,其倒闭产生的损失会通过金融网络在交易链上进行传播,从而产生系统性风险。这种传染性之所以存在,是因为在整个金融领域中,各个金融机构并不仅仅是简单地通过借贷关系来服务实体经济,他们之间的资产也具有高度的关联性。

一般来看,广义金融危机的国际传染渠道可以划分为非偶发性传染和偶发性传染两种渠道。非偶发性传染指的是在危机爆发前的稳定期和危机期都存在的传染渠道,它源于国家或地区之间的实际经济金融联系;偶发性传染指的是仅出现于危机爆发后的传染渠道。它与经济基本面无关,仅仅是投资者或金融市场其他参与者行为(尤其是非理性行为)的结果。

可以用一个简单的模型来描述系统性风险在金融机构之间的传递机制。假设单个银行除了接受其他银行的放款外,没有其他资金借贷来源,且当受到冲击时,放款行的放款幅度减少得厉害,借款行的资产缺乏流动性并只能以超低价出售。如图2-1所示,假设银行A向银行B借款以满足自身资金要求,即银行B是银行A的债权人[①],银行C是银行B的债权人,依次类推。假如现在银行C受到信贷损失冲击,

---

① 樊丽(2012)对金融系统性风险在银行间的传染进行了较为详细的阐述。

其管理层会首先用银行自身的权益资本来弥补。如果冲击程度很强且持续时间长,权益资本会逐渐耗尽,这时管理层就不得不紧缩信贷,以使其账面资产规模与股权资产规模相适应。银行C的信贷紧缩将会造成对银行B的挤兑,导致银行B的流动性短缺。如果银行B没有其他资金来源的话,就会被迫收缩信贷或者降价出售资产,会进一步冲击银行A等有借贷关系的金融机构。银行C受到冲击时,银行D会受到影响。当银行C受到的损失大到必须出卖其资产时,则银行C违约,银行D将受到冲击。这种多米诺骨牌效应会无限延伸下去,金融风险从单个银行C扩散到了整个金融体系。作为为企业提供资金血液的核心机构,银行的倒闭必然又会影响企业的发展。资本市场的坍塌会通过一系列的连锁反应对企业产生威胁,最终风险从金融体系迅速传染到实体经济,造成宏观经济的大幅度波动。

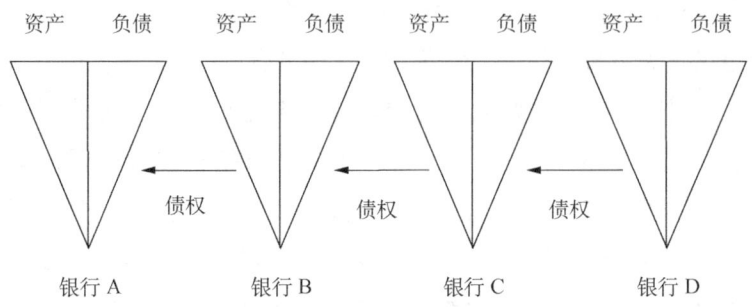

图 2-1　金融系统性风险的传导

3. 基于金融市场信息的传染机制

有些时候,金融机构之间可能并没有非常密切的关联和交互反应,但是一些金融机构的倒闭可能会通过第三方风险暴露上的相似性和信息传递作用而产生溢出效应。这种溢出效应有可能会波及整个银行体系。在信息不完全的条件下,原始冲击的数量、原因和潜在风险暴露程度都不会立刻被发现或难以测度。当银行业信用市场恶化时,信息的质量也会恶化,信息搜寻的成本就会上升。信息的不确定越强,搜索的成本就会越高。当信息高度不确定时,市场参与者会倾向于调整投资组合的数量而不是价格。在短期内,银行的惜贷就会产生。在任何利率下,银行都没有放贷的动机,而是希望将非流动性资产转换为流动性资产。这时,由于所有个体单位的损失和信心缺失,人们不会对有偿还能力的个体和破产个体进行区分,而是选择同样的处理方式。这样,流动性危机就会在银行间传染。一些研究也表明,银行存款合同存在很强的外部性和信息溢出效应,即使是在均衡条件下,流动性危机也可能会在银行间进行传染,进而导致银行体系的大幅度波动,从而带来银行业危机(Goodfriend 和 Mccallum,2007)。

(二) 空间维度下的宏观审慎监管

1. 对金融机构共同风险暴露的度量与监管

由于金融机构存在共同的风险暴露,因此对于这种共同风险暴露的测度和防范是极为重要的。金融宏观审慎监管的一个重要目标就是要及早地发现系统性风险,发现那些风险相对集中,可能引发系统性风险的部门和行业,并有针对性地进行严格监管。

金融系统性风险的测度无疑是最为关键的部分,也有多种方法被用来测度金融机构的共同风险暴露。一种方法是将金融体系看成是一个复杂的系统,将建模的重点放在关联度、非线性和不可预测性上。作为一个复杂的动态网络系统,金融体系可以通过银行间市场的相互风险暴露直接关联,并通过持有类似的投资组合或者具有相同的存款人而间接地关联。另一种是基于有限理性的异质性主体,经济主体的行为会影响金融体系风险的变动。

在空间维度的系统性风险测量上,一些研究对具体测量方法进行了归纳总结①。具体的方法是通过银行间市场渠道测度和通过支付系统渠道进行测度。

---

① 马君潞、范小云、曹云涛(2007)等研究对系统性风险的测度方法进行了分类总结。

表 2-2 空间维度系统性风险的测度方法

分组	使用方法	主要测度思路	测算方法
银行间市场渠道测度	矩阵法	银行间存在信贷关联;单一银行的倒闭会给其他银行带来流动性冲击。其中,损失额超过资本总额的银行会倒闭,进而对其他银行产生冲击,最终导致金融系统性风险产生	熵最优化方法
	网络法	银行间市场中存在一个或几个银行间交易中心行,中心行与银行间市场的多家银行进行交易,存在潜在的风险传染机制。可使用网络法识别不同银行类型的网络结构,再模拟系统性风险的传染	神经网络模拟法
支付系统渠道测度	三阶段模型法	由于支付系统存在类似于 CHIPS 的 ASO 协议,单一银行发生支付困难,必须对其他银行的自有资金产生负面影响,从而改变现有银行的最优资产选择,减少银行间市场信贷资金的供应量,产生银行间市场信贷资金缺口;资产状况较差的银行就容易倒闭,随着倒闭银行数量的增加,人们对银行间信贷的需求量就会逐步减少	模拟法

资料来源:根据马君潞、范小云、曹云涛(2007)整理。

在空间维度上,如果某些部门或行业的系统性风险集聚过快,那么这种系统性风险就应该及时进行纠正或防范。例如,中国在 2016 年房地产市场信贷增长过快,2016 年前三季度人民币贷款增加 10.16 万亿元,同比多增 2 558 亿元。分部门看,住户部门贷款增加 4.72 万亿元。其中,短期贷款增加 5 247 亿元,中长期贷款增加 4.2 万亿元[①]。若房地产行业信贷增长过快,则容易产生系统性风险,我国金融监管当局也开始调整信贷政策,相应地控制系统性风险。

2. 对系统重要性金融机构的识别与监管

在 2008 年全球金融危机发生后,FSB 提出了"系统重要性金融机构"(Systemically Important Financial Institutions,SIFIs)的称谓。系统重要性金融机构是"大而不能倒"的金融机构。金融稳定理事会

---

① 信贷数据可参中国人民银行 2016 年统计数据(www.pbc.gov.cn)。

(FSB)将 SIFIs 划为两个档次：全球系统重要性金融机构和国内系统重要性金融机构。

评估系统重要性金融机构的主要参考标准是其对整个实体经济和金融系统的潜在影响，评估标准包含直接影响与间接影响两个方面。其中，直接影响部分主要包括金融机构的规模和可替代性，间接影响部分主要取决于机构间的关联性。规模指特定金融机构提供金融服务的总量；可替代性指某一金融机构破产后其他机构可以在某种程度上提供相同或相似的金融服务；关联性指金融机构与金融体系中其他要素的关联程度。从以往危机经验来看，金融机构规模大小仅是系统重要性的一个方面，更重要的是商业银行的可替代性和关联性。

（1）规模。在评估系统重要性的因素中，金融机构的规模是首先被考虑的因素，也因为其最容易观察和衡量。从宏观视角审视金融机构规模问题，注意到规模的关联性取决于特殊的商业模式和集团结构。机构越复杂，规模与系统性风险的相关性就越强。

（2）可替代性。计量单个金融机构或市场在日常金融服务中提供的市场贡献度是十分复杂的，可以通过"集中度"对特定细分市场替代程度进行简单描述，集中度的一个常用指标是赫芬达尔-赫希曼指数（Herfindahl-Hirschman Index，HHI）。该指数建立在各市场竞争主体所占行业总市场份额的基础上。

（3）关联性。关联性主要指金融机构通过市场和金融工具建立的与其他机构的风险关联程度。市场是交易工具、市场参与者和交易基础设施的结合，市场和工具的关联性是指彼此间以及与机构间的相互依存度。机构在调整投资组合时，依赖资金市场、证券交易市场、风险管理和对冲市场以及流动性评估市场。衡量关联性不仅需要关注特定机构的金融风险，还需要关注不同市场和机构间的风险关联，包括银行与非银行金融机构间、市场与市场间以及市场与金融机构间的风险关联。由于在许多情况下，金融机构双边接触的资料有限，评估上述风险联系的信息是一个挑战。关联性程度也可以通过信用违约、掉期利差和股票价格相关风险等市场指标进行确定。

总体来看,对系统重要性金融机构的识别和测度防范大致可以分为两类:第一类是指标法(静态分析法)。在分解系统重要性金融机构核心特质的基础上设定界定指标,通过赋权的方式形成综合指标值来确定系统重要性金融机构。第二类是市场法(动态分析法)。选取金融机构的市场波动性数据,然后计算各自的系统风险或者损失的贡献度,通过贡献度大小来确定系统重要性金融机构。

指标法(静态分析法)依赖于经验积累,采用定量定性结合的方法,非常直观;市场法(动态分析法)则需要考虑数据可得性、稳定性或统计误差。无论是哪种分析方法,都受到多种因素的影响。一些评估指标具有较好的普遍适用性(例如,规模指标),一些指标却不具备普遍适用性,需要差别对待(例如,关联性指标)。因此,对系统重要性金融机构的识别是一个持续、动态的识别过程。

表 2-3　全球系统重要性金融机构(G-SiBs)的指标评估方法

类别/权重	指标	指标权重
全球活跃度/(20%)	跨境债权	10%
	跨境债务	10%
规模/(20%)	按照《巴塞尔协议Ⅲ》杠杆率确定的总资产	20%
关联性/(20%)	银行间资产	6.67%
	银行间负债	6.67%
	批发融资比率	6.67%
可替代性/(20%)	委托资产	6.67%
	通过支付系统的结算额	6.67%
	债券和股权市场承销额	6.67%
复杂程度/(20%)	场外衍生产品名义价值	6.67%
	三级资产	6.67%
	交易及可供出售的金融产品额	6.67%

资料来源:BCBS(2010)。

BCBS(2010)完善了具体的指标体系,确定了全球活跃度、规模、关联性、可替代性和复杂程度等指标为评估系统重要性指标。同时,这五个类别的指标权重分别为20%。BCBS还对这些指标的细节进行了分类,各国金融监管当局也会根据各自的判断来设定指标和相应的权重①。

市场法(动态分析法)对系统性风险的分析,主要包括在险价值协方差法(CoVaR法)、沙普利值法、极端值法、信贷违约互换差价法和边际预期差额法等方法。其中,CoVaR法等应用非常广泛。例如,CoVaR法是在通过VaR测度单一金融机构非条件性尾部风险的基础上,测量其在出现危机时对其他金融机构的尾部风险的影响。该方法可以识别两个金融机构尾部风险的关系,量化其关联性,但对于复杂网络的系统性风险,我们需要其他方法进行补充分析。

FSB对于系统重要性金融机构的监管提出了32条建议,建议各金融监管当局根据各自的需求确定相应的监管要求和监管强度②。对于系统重要性金融机构,金融监管当局要研发合适的监管机制来尽早地识别风险并采取相应的监管措施,在宏观审慎的基础上纠正和防范系统重要性金融机构的不稳健性经营行为。另外,各国金融监管当局还要建立有效的跨国协调机制,加强合作和配合,加强信息共享,及时进行重要信息的披露和传递。

3. 其他空间维度的宏观审慎监管政策

有学者分析了各金融部门在一个复杂的自适应体系中的网状联系,重点强调了这种联系的复杂性,也指出其缺乏多样性。随着时间的推移,国际金融体系内部的相互联系变得日益复杂,大型全球化金融机构的重要性日益突出,金融机构的投资组合越来越缺乏多样性。这

---

① 纽约大学斯特恩商学院建立了波动实验室V-Lab,运用指标法定期地发布金融市场的系统性风险指标、单一金融机构的系统性风险贡献指标和系统重要性机构。
② 参见FSB关于《系统重要性金融机构监管强度与有效性的建议》(http://www.financialstabilityboard.org/publications/r_101101.pdf),具体建议包括11个条款。

导致大型金融机构和投资组合之间具有明显的风险传染效应。对于金融机构之间的网状联系及由此产生的风险传染效应,目前学者们已建立了一些模型进行研究。Brunnermeier 等(2009)强调指出,这种网络联系意味着一个具有系统重要性的金融机构,无论作为单个个体,还是作为具有相同风险暴露的机构群的一部分,都能对整个经济金融体系产生系统性的影响。

以银行为例,银行倒闭具有负外部性和传染性,即一家银行倒闭有可能引起其他银行的倒闭,甚至引发银行体系危机。有学者分析了银行间相互关联的原因:一是银行相互持有存款、债券和股份,并进行回购和衍生品交易;二是银行面临共同的风险暴露,这些风险部分来自羊群效应。还有学者研究了在一个扩展的 DD 模型(Diamond—Dybvig 模型)中,借入短期资金并持有长期资产的金融机构与传统的吸收存款的银行,在经营本质上具有相似性,因此前者也会面临和后者一样的挤兑风险。有的学者总结了具有风险传染效应的四大网络体系,分别是支付结算体系及诸如清算系统之类的金融基础设施;短期资金市场,在这个市场中"借短贷长"的期限错配风险得以传递;抵押、证券化和衍生品市场;对于其他金融市场参与者,特别是场外市场参与者而言的交易对手风险。

总的来看,风险传染在空间维度中主要可以分为下面三种情况。第一种是点到面的风险传染,即从单一机构到整个部门的传染;第二种是面到面的传染,即金融部门向其他部门的传染;第三种是跨境传染,即风险跨越国境向其他国家和地区进行传染。从空间维度的视角来看,我们关注系统性风险,在点或面上的风险传染是否会引发系统性危机。

第三章 《巴塞尔协议(Ⅰ和Ⅱ)》与金融宏观审慎监管

第一节 《巴塞尔协议(Ⅰ和Ⅱ)》与金融体系顺周期性的产生逻辑

巴塞尔银行监管委员会(以下简称巴塞尔委员会)一直强调资本在防范风险中的重要作用,先后发布了一系列银行监管和风险管理的原则、指引,且践行了一些稳健做法。其中,最为著名并成为各国普遍运用的银行监管准则有《统一资本计量和资本标准的国际协议》(1988年颁布,《巴塞尔协议Ⅰ》)、《有效银行监管的核心原则及评估方法》(1996年颁布,2006年修订)、《统一资本计量和资本标准的国际协议:修订框架》(2004年颁布,《巴塞尔协议Ⅱ》,也称新资本协议)。这些文件既是一定时期内对国际银行业风险管理经验教训的总结,也代表着银行业监管原则的发展趋势。由此,巴塞尔委员会在国际银行业监管的权威地位逐渐确立,成为监管标准和准则的主要制定机构。资本充足率水平也从《巴塞尔协议Ⅰ》开始,成为评价商业银行稳健性最重要的指标。

一、《巴塞尔协议Ⅰ》与金融监管

20世纪70年代,经济、金融环境发生了较大变化,国际金融秩序也经历了一个重构的过程。1973年,布雷顿森林体系宣告解体,国际货币体系进行了重建,金融全球化的趋势也开始展现。到了20世纪

80年代,各种金融创新工具开始发展,资产证券化和表外项目的经营也开始活跃。1987年,花旗银行也开展了大量的表外业务,它的或有债务规模达到了4 670亿美元,超过股东权益50倍。J.P.摩根的或有负债也达到2 030亿美元,超过其股东权益40倍。随着金融深化和金融自由化理论的发展,一些发达国家开始了金融自由化改革①。美国、德国、日本等发达经济体开始推动利率市场化、资本流动自由化等多项改革,英国也出现了"金融大爆炸"现象,金融综合化改革得以迅速展开②(胡继晔和李依依,2018)。

随着金融业的自由化改革和石油危机带来的冲击,一些大型的国际化银行开始出现倒闭。1974年,德国的赫尔斯塔银行、美国的富兰克林国民银行的倒闭,引发了各国中央银行对银行监管问题的深入思考。各国中央银行开始就如何对具有国际影响力的金融机构监管进行制度设计,把监管的视角从仅仅加强银行外部监管向银行内部的风险控制转变,以使监管变得更有效率(Hristov、Hulsewig, 2017)。

1974年,巴塞尔委员会由发达国家组成的十国集团中央银行行长倡议建立③,其成员包括十国集团中央银行和银行监管部门的代表。巴塞尔委员会成立后,制定出台了一系列重要的银行监管规则,赫尔斯塔银行和富兰克林银行倒闭的第二年,即1975年9月,第一个巴塞尔银行监管的有关协议出台。1983年,巴塞尔委员会出台了《对银行的国外机构的监管原则》,即巴塞尔协定。1988年,巴塞尔协议取得实质性突破,西方12个主要国家的中央银行在巴塞尔通过了《关于统一

---

① R. I. McKinnon(1973)、E. S. Shaw(1973)、R. W. Goldsmith(1969)等人在金融理论上开始推广金融深化发展理论,主张放松金融管制,实行金融自由化改革。

② 英国在1986年10月27日取消了传统股票交易所的固定佣金比例规定,出现了"金融大爆炸",全面摧垮了英国及英联邦国家分业经营的金融体制,商业银行业务与股票经纪业务大融合,商业银行与投资银行之间也有了更多的融合和综合化趋势。

③ 巴塞尔银行监管委员会原称银行法规与监管事务委员会,是由美国、英国、法国、德国、意大利、日本、荷兰、加拿大、比利时、瑞典10大工业国的中央银行于1974年底共同成立的。作为国际清算银行的一个正式机构,以各国中央银行官员和银行监管当局为代表,总部设在瑞士的巴塞尔。2009年,巴塞尔委员会又进行了两次扩充,成员扩至27个成员国,包括了中国在内的一部分发展中国家。

国际银行的资本计算和资本标准的报告》,后来称为《巴塞尔协议Ⅰ》。1997年,《有效银行监管核心原则》的问世是巴塞尔委员会历史上一项重大事件,开辟了国际银行监管合作的新境地,标志着巴塞尔委员会对银行监管的认识提高到一个新水平。核心原则不仅由巴塞尔委员会主导起草,一部分非十国集团国家也参加了起草工作,因此得到世界各国监管机构的普遍认可,并已成为国际社会普遍接受的银行监管国际标准。

第一代巴塞尔协议的核心内容主要有以下几点:

第一,巴塞尔协议确立了监管资本的范围。对银行资本的定义是实施监管的关键,为此《巴塞尔协议Ⅰ》将商业银行的资本划分为核心资本和附属资本两大类。核心资本也称为一级资本,主要包括实收资本(普通股)和公开储备(股票发行溢价、资本公积、盈余公积以及留存利润);附属资本则是二级资本,主要包括未公开储备、重估储备、普通呆账准备金、混合债务工具、长期次级债券等。1996年,巴塞尔协议允许银行发行期限不低于2年的短期次级债券以抵御市场风险(三级资本)。1998年,悉尼协议又提出允许一级资本可以包括创新型资本工具,并规定这类工具的上限不得超过一级资本的15%。另外,巴塞尔协议还提出了资本扣减项,即商誉从一级资本中全额扣除,对非并表的银行和其他金融机构的投资从总资本中扣除。

第二,巴塞尔协议将表外项目纳入资本监管框架。20世纪80年代中期,许多大银行的或有负债是股东权益的几十倍。例如,1987年花旗银行的或有负债为4670亿美元,比股东权益的50倍还高。大通曼哈顿银行的或有负债为1750亿美元,超过了股东权益的40倍。银行过多的或有负债导致银行面对冲击的脆弱性增强。因此,对表外业务提出明确的资本要求能增强微观银行的稳健性,强化银行对表外业务风险的认识。

第三,巴塞尔协议提出加权风险资产。相对于传统的资产负债比例监管,《巴塞尔协议Ⅰ》以风险调整的资本充足率作为银行监管的国际标准。在加权风险资产的计算中,我们主要考虑信用风险,并强调了

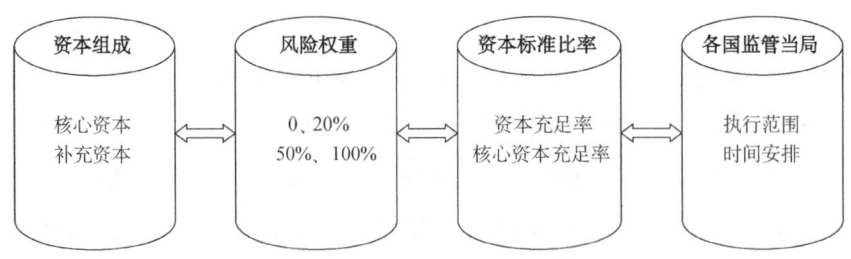

图 3-1 《巴塞尔协议Ⅰ》的监管体系

国家转移风险,在风险计量时区分表内资产和表外资产。关于表内资产,协议根据资产类别、性质以及债务主体的不同,分为 0、20%、50%、100% 四个风险权重;针对表外资产,依据风险性质的不同,利用相应的信用转换系数(0、20%、50%、100%)转换为表内资产,然后再乘以相应的风险权重进行加权(图 3-1)。

第四,巴塞尔协议统一了最低资本充足率要求。商业银行核心资本充足率(核心资本/风险加权资产)不得低于 4%,总资本充足率不得低于 8%,风险加权资产附属资本中普通贷款损失准备金最多不能超过风险加权资产的 1.25%,附属资本中的中长期次级债务最多不得超过核心资本的 50%。

《巴塞尔协议Ⅰ》是商业银行资本监管的第一个真正意义上的国际标准,有 100 多个国家和地区以不同形式实施,其后的改革和修订都是在此框架下进行的。《巴塞尔协议Ⅰ》对资本定义及资本构成要求的推行,尤其是一级资本中的创新型资本工具和三级资本概念的提出,有助于推动发达国家银行更多地运用此类工具进行资本补充。巴塞尔委员会资本定义工作组的调查显示,虽然主要国家或地区的监管资本定义和构成与 1988 年资本协议的要求总体上一致,但金融监管当局认可的合格资本工具的种类增加,债务资本工具的占比上升,资本结构更加复杂,监管资本质量可能有所下降。

二、《巴塞尔协议Ⅱ》与金融监管

从《巴塞尔协议Ⅰ》可以看到,商业银行抵御风险的能力主要分为两个层次:第一是商业银行的资本所体现的财务实力;第二是商业银行的风险管理能力,包括风险管理战略和风险偏好、风险管理组织体系、风险管理政策和流程、风险管理的工具和方法等。这两个层次是相互补充、相辅相成的。随着国际金融市场的发展,银行业的资产构成变得更为复杂,《巴塞尔协议Ⅰ》过于简单的风险评估技术,使监管资本与银行承担风险、风险管理要求出现了脱节,不能为银行改进风险管理提供必需的激励。因此,巴塞尔委员会对《巴塞尔协议Ⅰ》进行了修订,设计了更为全面的"三大支柱",并于2004年颁布了新资本协议《统一资本计量和资本标准的国际协议:修订框架》,即《巴塞尔协议Ⅱ》,并于2006年年底开始实施。

《巴塞尔协议Ⅱ》的"三大支柱"是:最低资本金要求、外部监管者的监管检查以及市场纪律(图3-2)。

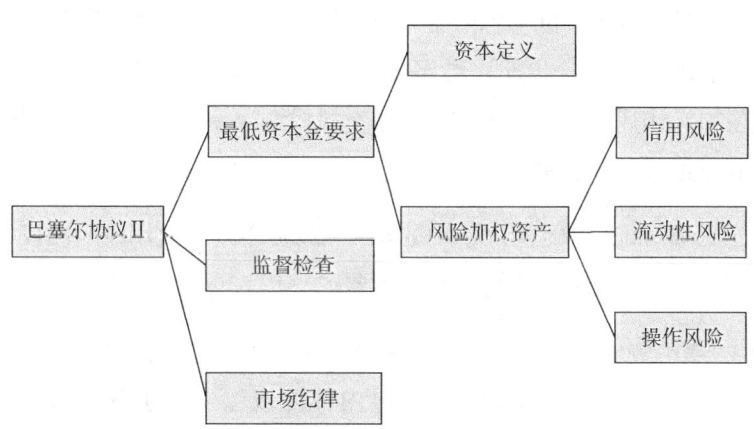

图3-2 《巴塞尔协议Ⅱ》的基本框架

支柱一:最低资本金要求。

在最低资本金要求上,《巴塞尔协议Ⅱ》开展了一系列的完善工作。在资本金要求上,《巴塞尔协议Ⅱ》延续了《巴塞尔协议Ⅰ》的基本宗旨,最低资本金要求仍然是新版本的核心,要求最低资本充足率达到8%,而核心资本充足率应达到4%。但《巴塞尔协议Ⅱ》提出了更精确和更全面的评估信用风险的方法,加强了资本计量的风险敏感性。为了激励商业银行提高风险管理能力,《巴塞尔协议Ⅱ》鼓励银行在风险管理能力上采用初级或高级评级法来计量风险资产[①]。

一方面,计量信用风险加权资产分为标准法和内部评级法[②]。标准法是根据外部评级机构的评级结果,设定不同的风险权重,将最高的风险权重由《巴塞尔协议Ⅰ》的 100% 提高到 150%。内部评级法是指银行以内部评级为基础,根据自身对风险要素的估计值来确定风险权重和信用风险加权资产。其实施需满足某些最低条件和披露要求并经银行监管当局批准,改变了《巴塞尔协议Ⅰ》由银行监管当局确定风险权重的做法,特别是高级法,计算风险权重的各类参数都由银行自行确定。此外,对于市场风险和操作风险的计量也采取不同级别的方法。其中,市场风险内部模型法的理论基础是"在险价值"。

另一方面,《巴塞尔协议Ⅱ》继承了关于交易账户市场风险的处理方法,并对银行账户利率风险监管做了进一步调整,建议将其放在第二支柱下进行处理。此外,《巴塞尔协议Ⅱ》考虑了与银行内部控制密切相关的操作风险,并要求银行对操作风险配备单独的资本。这样,新的资本充足率计算公式转变为:

资本充足率=(核心资本+附属资本+三级资本)÷(信用风险加权资产
　　　　　+12.5×市场风险资本要求+12.5×操作风险资本要求)

《巴塞尔协议Ⅱ》的推出,使银行的风险管理技术有了更大的进步。在银行满足相关条件的基础下,通过内部评级法来计量借款人的违约概率、违约损失率以及风险暴露值。由此,确定借款人及债项的信用等级、风险定价和资本准备要求。另外,对于市场风险和操作风险等项目,《巴塞尔协议Ⅱ》也提供了多种风险度量方法,鼓励银行利用内部模型估测风险。《巴塞尔协议Ⅱ》的这种安排实际上建立了一个监管资本要求随着风险管理水平提高而相应递减的激励机制,激励银行不断地

---

① 一般地,采用内部评级法相对于标准法计量的必要资本会更少一些。
② 其中,内部评级法又可分为基础法和高级法。

改进自身的风险评估技术。

支柱二:监督检查,即监察审理程序。

《巴塞尔协议Ⅱ》转变了监管方式,引入了外部监管。《巴塞尔协议Ⅱ》改变《巴塞尔协议Ⅰ》单纯依靠量化的资本充足率监管模式,引入了灵活的外部监管者监管的模式,采用定性与定量相结合的方式,更加适应监管格局的变化。

外部监管者的监管原则主要有以下几点:第一,外部监管者应根据银行的风险状况和经营环境,全面判断银行的资本充足率是否达标。第二,银行应依据承担风险的大小,建立起严格的内部评估体系,使资本水平和风险度相匹配,同时还应该制定维持资本充足率水平的战略。第三,监管者应及时对银行的内部评估体系、资本充足率水平战略和资本充足状况进行检查和评估,以确保银行有合理的内部评价程序。第四,在银行资本充足率尚未达到监管要求时,应及时对银行实施有效干预,并可要求银行的资本充足率达标。监管者对银行的评估可以现场检查、非现场检查以及银行管理部门座谈等手段来实现。

在《巴塞尔协议Ⅱ》的要求下,外部监管者会重点检查和评估商业银行管理层是否已经充分了解、重视和有效监控银行的各种风险,或者是否制定了有效的风险管理战略与内部控制系统。《巴塞尔协议Ⅱ》的实施,使金融监管当局主动介入了银行的风险管理,对银行内部风险管理系统进行有效的评估和检查,履行其应尽的监督责任。

支柱三:市场制约机制,即市场纪律。

《巴塞尔协议Ⅱ》强化了信息披露,引入了市场约束机制。通过引入市场约束机制,与第二支柱一起形成了对第一支柱的补充,并以此加强资本监管的有效性。一般来讲,在信息披露完全的情形下,稳健经营的银行风险相对较小,市场给予它融资的成本定价也会更低,而风险程度高的银行融资工具成本定价会更高。这种奖惩机制的设计,可以激励银行保持较为充足的资本水平。

《巴塞尔协议Ⅱ》借助市场约束机制,提高商业银行经营和风险管理的透明度,强化市场和社会公众的监督,确保市场对银行的有效约束。《巴塞尔协议Ⅱ》提出了全面信息披露的理念,对银行的信息披露做出了非常明确而详细的规定。

这种市场约束机制成立的基本前提在于银行信息披露需要完全、透明。《巴塞尔协议Ⅱ》对银行的资本结构、风险状况、资本充足率水平等关键信息的披露提出了更为具体的要求。其要求主要包括:要求银行在应用范围、资本构成、风险评估、管理过程及资本充足率方面,既要披露定性的信息,又要披露定量的信息;强调有关风险和资本关系的综合信息披露,同时监管者要对银行的整个信息披露体系进行评估;既要披露核心信息,又要披露附加信息;信息披露频率至少应在每年的年报中体现出来,最好半年披露一次,另外任何重要变化都应当及时披露。

三、《巴塞尔协议(Ⅰ和Ⅱ)》的内在缺陷与金融监管的顺周期性

(一)《巴塞尔协议(Ⅰ和Ⅱ)》存在的内在缺陷

在原来微观审慎监管的框架下,巴塞尔协议发挥了非常重要的作用。出于保护债权人利益不受损害的考虑,资本充足率要求成为实现该目标的根本途径。通过促使金融机构的审慎经营,确保其具有充足的偿付能力。这一主导思想在金融危机之前得到了广泛的认可,并通过巴塞尔协议的形式固定下来,成为各国金融监管部门对本国金融机构实施有效监管、开展国际金融监管合作的一个法律基础。但随着2008年全球金融危机的爆发,人们对以资本监管为核心的巴塞尔协议产生了质疑,开始认真反思巴塞尔协议在防范系统性金融风险方面的缺陷,并进行了相应的改革。巴塞尔协议的一些缺陷主要表现在以下方面。

1. 系统性风险监管的不足

《巴塞尔协议(Ⅰ和Ⅱ)》主要关注单个银行的风险,注重单个银行

的监管,但并没有考虑银行的风险外溢性。《巴塞尔协议Ⅱ》强调风险从银行的转移,相关的监管要求也仅仅建立在对风险真实转移认定的基础上,并没有关注风险本身的化解状况和转移后实际承担者的稳健。从银行个体出发的监管设计,并没有关注银行对其他银行及整个金融体系的风险外溢性。通过一些监管措施,单个银行的风险可能被转移了,但整个金融体系的风险并没有改变,甚至可能会增加。因此,仅仅从微观角度对银行监管是远远不够的,必须从整个金融体系的角度进行宏观审慎监管。

2. 流动性风险监管的不足

巴塞尔协议虽然提出了流动性风险管理的重要性,但其对流动性风险的计量、应对、管理方面的规定还不够详尽。巴塞尔协议对风险资产的计量主要基于市场风险、信用风险和操作风险,没有考虑到流动性风险在风险管理中的重要作用。在金融危机突然爆发后,金融机构出现集体寻求流动性补充的状况,一些资本充足率高的公司因为流动性问题陷入绝境。这充分暴露出商业银行风险管理和监管制度中的弊端,也说明了稳健的流动性风险管理和监管对于维持银行的持续经营与金融体系安全的重要性。

3. 金融创新的风险监管不足

以资产证券化为代表的金融创新从20世纪80年代开始兴起,到20世纪末已经快速发展到全世界主要的金融市场。进入21世纪,金融衍生产品的创新步伐更加迅速,规模也逐渐庞大。同时,一些再证券化的金融衍生产品也开始出现。金融工具变得越来越复杂,借款人和贷款人的代理人问题也变得越来越严重。

巴塞尔协议对资产证券化产品的风险资本计提的规定不足,导致银行类金融机构整体抗风险能力下降。巴塞尔协议对银行类金融机构的表外实体没有规定计提相应风险资本,也导致了资本计提不足的问题。许多银行为了规避资本监管,在表外设立实体参与次级债券交易,通过表外实体发行短期资产支持型票据或短期次级债券等短期融资方式为长期资产融资,以获取高额利差,银行金融机构则为这些表外实体提供流动性便利。由于金融创新产品经过多次分拆、打包、分层,其基础资产的风险特征已经越来越不透明。例如,CDO和CDS等产品经过多次证券化组合,次级债券借款人信用信息完全掩盖在各种结构性安排之中,导致对这些产品的风险计量能力下降,无法准确计算资本计提的数量。

4. 信息披露监管存在不足

市场纪律是《巴塞尔协议Ⅱ》的第三支柱。市场纪律提示了对证券化进行信息披露的重要性,并且要求从定性与定量的角度对资产证券化进行相应披露。但是,这些条款只涉及资产证券化本身的监管资本要求。比如,在IRB法下银行应该持有的资本要求,并没有涉及发起行与借款人之间的违约风险、发起行与SPV之间存在道德风险隐患的监管预防措施。如果这层关系没能很好地监管而导致问题出现,那么对证券化链条中的监管就难以产生作用。

5. 表外业务的监管不足

作为新巴塞尔协议第一大支柱的资本充足率监管,为银行开展监管套利行为留下了空间。由于杠杆率并没有考虑银行表外业务风险,所以会变相鼓励银行进行表外冒险,使银行金融机构的表外业务出现了大量增长。

表外业务是银行的或有资产,或者或有负债,对银行未来的盈利能力和偿付能力有着潜在的影响。当某一或有事件发生时,它们可能会从表外转至表内,成为银行实际的资产或负债。表外业务由于其不确定性强和透明度差,交易集中,蕴含了较大的风险。银行金融机构普遍的表外业务大量增长,造成金融机构的高杠杆率经营。根据巴塞尔协议的监管规则,这些表外资产并不包括在总体杠杆率比率或经调整的杠杆率比率标准内。银行金融机构的高杠杆率提高了金融体系的脆弱性。新巴塞尔协议虽然在补充有效银行监管规则中加入了"考虑到构成银行大规模风险暴露的表外业务"条款,但并没有得到很好地执行。高杠杆率可能带来的表外业务风险,也是巴塞尔协议要求中不够完善的地方。

(二)巴塞尔协议与金融监管的顺周期性

在银行业的监管上,巴塞尔协议的总体效果是非常明显的,但是其内在的顺周期性问题难以避免。从监管措施来看,《巴塞尔协议Ⅱ》所使用的政策工具,在很大程度上会引起顺周期性问题。例如,巴塞尔协议要求的拨备计提、信用评级和公允价值会计准则等方面,都具有一定的顺周期性。

我们可以借助《巴塞尔协议Ⅱ》在资本监管要求中的评级方法来反映这种顺周期性。《巴塞尔协议Ⅱ》的信用风险评级方法主要有两种:一种是标准法,一种是内部评级法。两种方法虽然有较大差异,但它们都具有一定的顺周期性。标准法主要依据外部评级机构的评级来确定其权重,因此顺周期性的强弱主要受外部评级顺周期性的影响。外部评级机构如标准普尔、穆迪等公司一般采用跨周期的评级方法,而且一般不会在短期内频繁调整评级,因此外部评级结果会有一定的黏性。较多的实证研究也发现外部评级与经济周期呈现出了正相关关系。

在内部评级法下,风险权重函数主要由监管当局给定,风险参数成为风险权重函数的输入变量。因此,内部评级法下的顺周期主要由风险参数的顺周期性决定。风险参数有违约概率、违约损失率、违约风险暴露以及期限。对于违约概率,又可以通过三种方法进行估算,分别是银行内部违约数据、统计违约模型以及将内部评级与外部评级挂钩。

由于银行内部统计的违约概率与经济周期有很强的正相关关系,因而第一种方法具有显著的顺周期性。而有学者基于期权定价的统计模型,需要以借款人的股票价格、波动率和杠杆率等参数作为输入变量。由于这些输入变量具有很强的顺周期性,因此第二种方法也是顺周期的。对于第三种方法，外部评级的顺周期性导致了内部评级的顺周期性。对于违约损失率，大量的实证研究表明，违约公司债券的回收率和抵押品价值在经济衰退时期会显著下滑。

与公开发行的债券相比，贷款损失数据的可得性较差，研究表明银行贷款的违约损失率在经济衰退时期会大幅增加。因此，违约损失率也具有较强的顺周期性。内部评级法的实施会通过影响商业银行的信贷来强化资本监管要求，从而产生顺周期性效应，并且强调银行对风险要素估计方法的不同选择会引起顺周期性效应强弱的变化。

违约风险暴露主要包括已提取贷款和对可用授信承诺未来提款量的估计，且未来提款量的估计主要通过表外项目的信用风险系数来进行。BCBS(2005)的研究表明，信用转换系数和违约风险暴露主要由债项特征及借款人特征决定，且这些因素往往具有顺周期性，因而违约风险暴露也具有一定的顺周期性。

期限这个风险参数具有较强的顺周期性。在经济衰退期，借款人出现还款问题的可能性变大，将贷款进行资产证券化转换变得更为困难。银行的要求可能出现一些变动，可能对出现暂时流动性问题的客户实施贷款重组，还款期限也可能延长。因此，期限也是具有一定的顺周期性的。

从资本监管上看，巴塞尔新资本协议所具有的风险敏感性使其具有内在的顺周期性，这种顺周期性只能部分缓解而不能根本消除。在2010年11月的G20首尔峰会上获得正式批准的《巴塞尔协议Ⅲ》，对资本充足率的顺周期性问题进行了一定的考虑，但是顺周期性问题并没有被避免或克服。《巴塞尔协议Ⅲ》对资本充足率的要求为，在经济上行时放松，鼓励银行的信贷供给；在经济下行时收紧，使银行难以获得股权融资，不得不收缩资产负债表。要么低价出售资产使资产价格进一步下跌，要么减少信贷供给造成信用紧缩(谢平，2010)。

而且，银行在利润目标的驱使下，往往会采用更短期也更具有顺周期性的风险计量方法。巴塞尔新资本协议的风险价值计量方法，是根据资产的历史价格估计未来一段时期内,由于资产价格的不利变化而产生损失的可能性。在经济上行时,资产价格的波动率不高,估计出的风险价值不高,对资本的要求相对也不高。但是在经济下行时,资产价格的波动率较高,估计出的风险价值也较高,对资本的要求相对也会较高。并且巴塞尔新资本协议只考虑了银行机构的个体风险,没有考虑整个银行业甚至金融体系的风险,这也使更多国家关注逆周期资本缓冲的宏观审慎监管(IMF,2010)。

从贷款损失拨备来看,由于贷款损失拨备的计提存在一定的滞后性,因此经济变动带来的信用风险不能体现出来,造成经济上行时少提而经济下行时多提,从而使得贷款损失拨备也具有顺周期性。在经济上行时,贷款组合的信用风险不会体现出来,拨备计提相对就较少;在经济下行时,贷款组合的信用风险将体现出来。这样,应该计提的拨备就会增多,但此时银行的利润和资本压力很难为提高贷款拨备损失留下足够的空间。因此,构建具有动态性和前瞻性的逆周期拨备机制,也成为各国重点考虑的问题(Tarashev,2009)。

另外,公允价值会计准则的顺周期性,时常会导致贷款损失拨备的顺周期性。由于公允价值会计准则加剧了资产负债表的波动性,加上缺乏对不活跃市场运用公允价值的指引,因而加剧了金融体系的顺周期性。在经济上行、资产价格上涨时,公允价值会计准则下的资产市值将上升,引发市场参与者的抢购行为,使资产价格进一步上涨,造成市场的非理性繁荣。在经济下行、资产价格下跌时,公允价值会计准则下的资产市值下跌,引发市场参与者的抛售行为。而抛售行为又进一步促使资产价格下跌,从而形成一种恶性循环。因此,在微观金融环境下看似合理的公允价值原则,在宏观环境下却会导致内在的不稳定,人们也开始寻找缓解其顺周期性的方法(IMF,2010;FSF,2009)。

在实证研究上,Ayuso(2004)和Jokipii(2011)等利用商业银行和储蓄银行数据,分析了资本缓冲与经济周期之间的关系,认为银行的资本缓冲与经济周期之间存在较为显著的负相关关系,也就是说在资本监管上存在明显的顺周期性。Bikker(2005)和Fonseca(2008)等利用跨国数据对贷款损失拨备与经济周期之间的关系进行了分析,认为贷款损失拨备具有较为明显的顺周期性。随着顺周期性问题受到越来越多的重视,结合我国实际情况对于顺周期性的研究也在逐步地展开。刘斌(2005)运用我国商业银行的实际数据,从分机构和总量两方面研究了资本充足率要求对我国贷款的影响,认为资本约束对贷款、产出及物价水平均会产生一定的影响,从侧面反映出了我国商业银行的顺周期性。李文泓(2010)等对我国银行的实际资本充足率与经济周期的关系进行了实证分析,认为我国商业银行的资本充足率具有一定的顺周期性。

第二节 《巴塞尔协议(Ⅰ和Ⅱ)》下中国金融体系顺周期性的实证检验

一、巴塞尔协议下金融体系顺周期性的显现

金融危机的爆发,不仅对金融业形成了全面的冲击,也对金融监管规则、监管体系形成了挑战。金融危机之后,随之而来的必然是对金融监管体系的全面改革。在应对金融危机、拯救金融机构时,人们始终在反思,金融体系究竟出了什么问题?国际社会也认识到,金融监管体制的改革势在必行。

在国际层面,全球金融危机后的G20首尔峰会开始强调金融监管改革的重要性,并以金融稳定委员会作为相应的组织机构,协调全球的监管标准。在国家层面,在金融危机暂时缓解的今日,金融监管改革更加迫切地被提到各国重要的议程当中。2010年7月,美国率先颁布了新的金融监管改革法案,对金融市场进行更为全面的监管,以清除目前所了解的系统性风险,从而避免类似危机的再次发生。2013年4月,英国开始实行新型"双峰"监管模式,开创了全新的宏观审慎监管

框架。英国、日本等发达国家也积极展开了金融监管的改革行动。虽然各国对于金融监管改革的认识存在很多的不同,但对于金融的宏观审慎监管却取得了很强的共识(FSF,2009;Brunnermeier,2009)。

金融时间维度的风险是隐藏在金融体系内但在不同时期表现出来的风险,具体表现为金融体系在时间上的顺周期性。多数的研究从资本监管要求、贷款损失拨备以及公允价值会计准则这几个方面来分析金融体系的顺周期性,认为这些适用于金融业的外部规则具有内在的顺周期特征,并在一定程度上强化了经济周期的波动性,从而造成了金融系统的不稳定(周小川,2009;李文泓,2009;李扬,2010;姜华东,2014;Brunnermeier,2009)。

关于金融体系顺周期性的研究,主要集中在资本监管、贷款损失拨备和公允价值会计准则这几个方面。这些适用于金融业的外部规则具有内在的顺周期性特征,并在一定程度上强化了经济周期的波动性,从而造成了金融系统的不稳定(周小川,2009;李扬,2010)。从资本监管上看,巴塞尔新资本协议所具有的风险敏感性使其具有内在的顺周期性,这种顺周期性只能部分缓解而不能根本消除。最新的《巴塞尔协议Ⅲ》对于资本充足率的顺周期性问题进行了一定的考虑,但是顺周期性问题并没有被避免或克服。对资本充足率的要求,在经济上行时放松,鼓励银行的信贷供给;在经济下行时收紧,使银行难以获得股权融资,不得不收缩资产负债表。银行要么低价出售资产使资产价格进一步下跌,要么减少信贷供给造成信用紧缩(谢平,2010;IMF,2010)。

宏观审慎监管跨部门维度的研究,强调从系统性风险的角度自上而下衡量每个金融机构对系统性风险产生的作用。金融体系各主体的相互关联和相互作用会产生金融的系统重要性问题。当今的金融体系已经形成一个由资产负债表相互关联的网络,错综复杂的金融网络意味着某一个金融机构(尤其是具有系统重要性的大型金融机构)受到冲击,则会通过机构之间的关联放大,很可能蔓延到与之相关的其他金融机构,并形成系统性风险(Borio,2013)。

某些系统性风险的影响会波及整个金融系统,产生巨大的破坏力。金融系统与实体经济通过信贷供给和资产价格等渠道的相互作用,会产生相应的系统性风险。而金融机构之间的相互关联对系统性风险有强烈的放大作用,使金融风险更容易传染,进而也产生了"太关联而不能倒闭"和"太大而不能倒闭"的问题(巴曙松,2015)。很多研究主张按照系统重要性建立外层和内层范围的双层监管方法,并按照不同的层次赋予不同的监管要求(Tarashev,2009)。

具体来讲,银行在资本约束下的信贷行为、宏观经济变动等因素都会引起金融体系的周期性行为。然而,在微观审慎监管的框架下,这些情况却无法引起人们的重视。监管者从银行等金融机构的资产负债表中看不出任何不良表现,各家银行的资本充足率也都表现良好。从银行的角度看到的往往是经济面的稳步发展,无法发现需要控制和解决的问题。于是,系统性风险在这段经济周期中就不断累积,并在不同部门之间扩散和传染。宏观审慎监管正是要建立相应的稳定性指标,从而及时发现经济发展中的周期性问题,并且控制和缓解相应的系统性风险。

基于已有的理论研究和实证分析,我们结合资本监管和贷款损失拨备这两个因素来讨论我国经济转型过程中的金融周期性,并对我国的宏观审慎监管改革进行相应的分析。下文的结构安排如下:首先,设计和建立金融周期性的理论模型。其次,运用我国银行业的面板数据进行实证研究,分别讨论资本监管周期性和贷款损失拨备的周期性,并对"太大而不能倒闭"问题进行相应的分析。最后,结合金融周期性对我国的宏观审慎监管改革进行讨论。

二、金融体系顺周期性的理论模型

从金融逻辑来看,金融体系本身就具有内在的周期性。在经济上行时,由于抵押资产价值上升,市场前景好转,银行将增大信贷供给,刺激经济进一步扩张。但是,如果经济出现衰退,那么前一期放出的贷款可能就会转化成衰退期的不良贷款。在经济下行时,由于借款人财务状况恶化,抵押物价值下降,贷款风险也将进一步暴露,银行在发放贷款时将变得更加小心谨慎,并且将提高贷款要求、担保要求和信贷审查要求,进而使银行贷款增长速度放缓,贷款规模也会大量减少。这种信贷的减少又会对实体经济造成重大的冲击,使经济复苏的步伐变得更慢。

在资本监管与经济周期之间关系的研究上,我们结合 Ayuso(2004)和 Bikker(2005)的分析模型,将资本充足率、贷款损失拨备与经济周期之间建立相应的联系,进而考察指标之间的周期性问题。首先,我们考虑资本变动状况,建立银行资本水平变动方程:

$$K_t = K_{t-1} + I_t \tag{3-1}$$

其中,K_t 表示银行在 t 期的资本水平,K_{t-1} 表示银行在 $t-1$ 期的资本水平,I_t 表示 t 期资本水平的变动,包括股票发行、回购和留存收益等内容。由于留存收益等内容需要在期末才能够具体地确定,因此资本水平也需要在期末才能确定。

银行持有资本是有成本的。银行持有资本的原因可能各有不同,但大致有三个主要的因素:第一,银行持有资本可以降低财务困境成本,但这种持有是有代价的,需要一定的风险补偿收益,我们可以用参数(αK)来衡量;第二,金融监管当局具有强制性持有资本的要求,我们可以用参数($-\gamma K$)来衡量这部分资本要求;第三,由于交易费用、信息不对称等因素的存在,银行的资本调整也是有成本的,这种调整成本可以用参数 $(1/2)\delta I^2$ 来表示(McNally,1999)。总体上,银行持有资本的成本为:

$$C_t = (\alpha_t - \gamma_t) K_t + (1/2)\delta_t I_t^2 \tag{3-2}$$

其中,C_t 表示银行持有资本的成本,α_t 表示持有资本的风险补偿收益,γ_t表示银行倒闭的成本,或者由于资本不足而受到监管当局的惩罚,δ_t表示资本调整的成本。

银行在经营过程中,为了追求更多的利润,一般会努力地降低运营成本。我国商业银行在经营中存在一定的软约束问题。一些银行在某些时间内可能是忽视成本因素的。但从一个较长的时期来看,它仍然是追求跨期成本的最小化,因此大致可以用以下方程来表示银行的行为:

$$\text{Min } E_t \sum_{i=0}^{\infty} \beta^i C_{t+i} \qquad (3-3)$$

$$\text{s.t. } K_t = K_{t-1} + I_t \qquad (3-4)$$

$$C_t = (\alpha_t - \gamma_t) K_t + (1/2) \delta_t I_t^2 \qquad (3-5)$$

上述方程最优化的一阶条件(FOC)为:

$$I_t = E_t \left[\frac{1}{\delta_t} \sum_{i=0}^{\infty} \beta^i (\gamma_{t+i} - \alpha_{t+i}) \right] \qquad (3-6)$$

进而资本约束转化:

$$E_t(K_t) = K_{t-1} + E_t \left[\frac{1}{\delta_t} \sum_{i=0}^{\infty} \beta^i (\gamma_{t+i} - \alpha_{t+i}) \right] \qquad (3-7)$$

即

$$E_t(K_t) = K_{t-1} + E_t \left(\frac{1}{\delta_t} \sum_{i=0}^{\infty} \beta^i \gamma_{t+i} \right) - E_t \left(\frac{1}{\delta_t} \sum_{i=0}^{\infty} \beta^i \alpha_{t+i} \right) \qquad (3-8)$$

方程(3-8)反映了银行资本变动的状况。我们可以看到,首先,银行当期资本充足率会受到前期资本充足率的影响,而且一般应该呈现出正相关的关系。其次,银行持有资本在很大程度上可以预防银行的破产或倒闭。银行的贷款损失拨备(Loan Loss Provisions,LLP)、不良贷款率(NPL)、贷款规模变动(LOAN)等指标可以体现出银行经营的稳健性,因此我们也可以用这些指标来近似反映银行持有资本的成本变动。再次,银行持有资本的风险补偿收益也会发生相应的变动,银行资产收益率是一个比较好的体现指标。银行资产收益率越高,说明所获得的风险补偿越大,与资本充足率之间应该体现出一种正相关的关系。最后,经济周期的变动,无论对于银行的破产还是对于风险补偿来讲,都会存在直接的关系。在经济上行时,带给银行更多的可能是收益;而在经济下行时,带给银行更多的可能是风险。在这个过程中,资本充足率和贷款损失拨备都可能会体现出一定的周期性。因此,我们可以加入经济周期指标来进行分析。

由于金融监管当局会有一个最低监管资本要求,例如,巴塞尔资本协议要求资本充足率不能低于8%,因此在方程(3-8)的两边分别减去最低资本要求 $\bar{K}$,就可以体现出资本缓冲与经济周期等指标之间的关系。变形后,我们可以得到:

$$(K-\bar{K})_t = (K-\bar{K})_{t-1} + E_t\left(\frac{1}{\delta_t}\sum_{i=0}^{\infty}\beta^i \gamma_{t+i}\right) - E_t\left(\frac{1}{\delta_t}\sum_{i=0}^{\infty}\beta^i \alpha_{t+i}\right) \tag{3-9}$$

我们用 Buf 来表示资本缓冲。根据前面的分析,可以获得资本缓冲与经济周期、贷款损失拨备、不良贷款率、贷款规模变动、资产收益率等指标之间的一个方程式:

$$Buf_{i,t} = \varphi_1 Buf_{i,t-1} + \varphi_2 GDPCycle + \varphi_3 LLP_{i,t} + \varphi_4 NPL_{i,t} + \varphi_5 Loan_{i,t} + \varphi_6 ROE_{i,t} + \mu_i + \varepsilon_{i,t},$$
$$i = 1, 2, \cdots, N, \, t = 1, 2, \cdots, T \tag{3-10}$$

其中,$GDPCycle$ 表示经济周期变动,LLP 表示贷款损失拨备,NPL 表示不良贷款率,$Loan$ 表示贷款规模变动,ROE 表示资产收益率。如果参数 $\varphi_2 < 0$,那么说明在经济上行时,银行会发放更多的贷款降低资本充足率;而在经济下行时,收缩信贷使资本充足率较高,这时便存在资本充足率的顺周期性。反之,资本充足率则不存在顺周

期性。

在贷款损失拨备与经济周期之间的关系上,我们参考 Bikker (2005)的模型,建立方程(3-11)进行相应的分析。由于资本充足率、不良贷款率、资产收益率、贷款规模变动等指标会对贷款损失拨备产生相应的影响,因此这些变量可以作为控制变量进入到方程(3-11):

$$LLP_{i,t} = \theta_1 GDPCycle + \theta_2 Buf_{i,t} + \theta_3 NPL_{i,t} \\ + \theta_4 Loan_{i,t} + \theta_5 ROE_{i,t} + \mu_i + \varepsilon_{i,t}, \\ i = 1, 2, \cdots, N, t = 1, 2, \cdots, T \quad (3-11)$$

如果参数 $\theta_1 < 0$,那么说明在经济上行时,银行将减少贷款损失拨备;而在经济下行时,银行将增加贷款损失拨备,这时便存在贷款损失拨备的顺周期性。反之,贷款损失拨备则不存在顺周期性。

三、中国金融体系周期性的一些特征事实

有学者认为单个经济总量的变动是不规则的,而不同总量之间的协同变动可能会存在规律性。因此本书主要考察经济变量之间的协同变动,并使经济波动和经济增长问题融合在一起。要研究经济变量的协同变动,首先要定义一条长期的经济增长路径,所以现代经济周期特征事实的理论依据最终应归结于经济增长理论。在新古典增长理论和内生增长理论的框架下,我们都能对波动进行分解研究。根据新古典增长理论开创的研究方法,我们首先是将宏观经济序列进行分解,然后分析宏观变量周期成分之间的协同变动关系。他们定义了经济增长的趋势,通过 H-P 滤波法将时间序列分离出趋势成分和波动成分。其中,趋势成分是非平稳的,而波动成分则是平稳的。

一个经过季节性调整的时间序列 y_t 被分解成两部分:趋势成分 g_t 和周期成分 c_t。并且,

$$y_t = g_t + c_t \quad t = 1, \cdots, T \quad (3-12)$$

其中，t 为样本容量。从而找到一个长期的增长路径，分解出一个平滑的趋势成分就变成了如下的最小化问题：

$$\text{Min}\{\sum_{t=1}^{T}(y_t-g_t)^2+\lambda\sum_{t=2}^{T-1}[(g_{t+1}-g_t)-(g_t-g_{t-1})]^2\}$$

(3-13)

(3-12)式的第一项是周期成分的平方和，第二项是趋势成分的二阶差分的平方和与参数 λ 的乘积。参数 λ 决定了趋势成分的平滑性，λ 值越大，那么 g_t 的平滑性就越强。有学者认为当时间序列为年度数据时，$\lambda=100$ 是合适的[①]。有学者指出对于给定的序列，如果采取不同的滤波方法，得到的稳定的周期成分可能会显示出不同的性质。当时间序列是季度数据时，一般选择 $\lambda=1\,600$ 是合适的。

当我们将宏观经济序列分解为趋势成分和周期成分后，就可以进一步测度经济变量之间协同变动的特征事实了。我们通过 HP 滤波法和 BP 滤波法对 GDPCycle 进行了滤波分析，得到了经济周期波动的成分。对于经济产出数据，我们首先进行了对数化处理，减少异方差，然后采用 Census X12 方法进行了季节性调整，再进行 HP 滤波和 BP 滤波分析。由于我们选取的是季度数据，所以在参数选择上我们将 λ 值设为 1 600。HP 滤波和 BP 滤波得到的结果非常相似，但是 BP 滤波在数据估计上会有损失，但有时可能更为精确。

由图 3-3 和图 3-4 可以看到，我国经济在 2000 年之后基本呈现上升的波动趋势，但在 2002 年和 2008 年出现了较为明显的下降趋势。2002 年是受到国内经济紧缩的影响，而 2008 年则更多地受到全球金融危机的影响。2012 年以后呈现出一种下降的波动趋势，2016 年的下

---

① 对参数的选择 McDermott(1997)进行了进一步的讨论，但 Hodrick 和 Prescott 认为选择相同的参数是重要的。Baxter 和 King(1995)认为 H-P 滤波法在处理序列尾段数据时会出现误差，因此提出了 Band-Pass 滤波法。Christiano 和 Fitzgerald(1999)对这种滤波法进行了改进，实现了完全样本下的滤波。

落趋势也较为明显,经济增速明显下落,说明我国实体经济还是存在较多的困难。HP 滤波法和 BP 滤波法所得到的周期波动是非常一致的,这也在一定程度上保证了模型的稳健性。

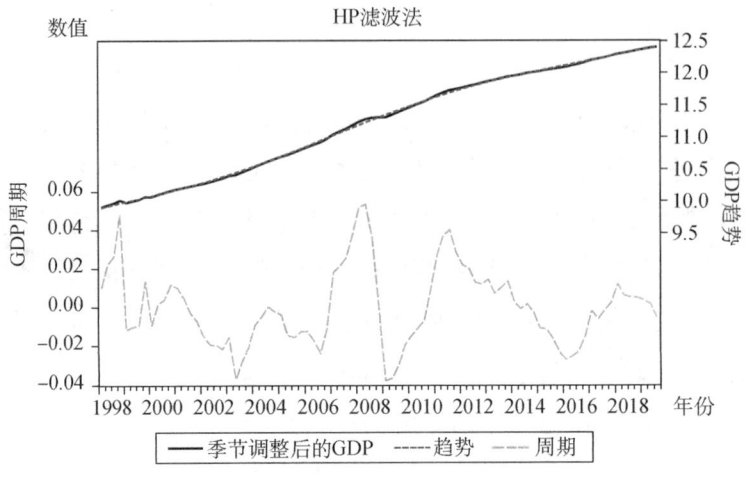

图 3-3　中国的经济周期波动(HP 滤波)

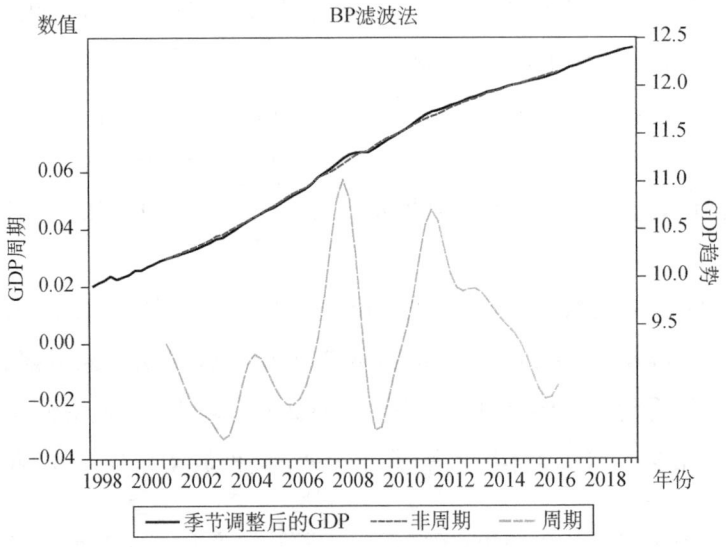

图 3-4　中国的经济周期波动(BP 滤波)

我们对经济数据的平稳性进行了检验。首先,对模型影响最大的变量是经济周期,因此我们对 Cycle HP 和 Cycle BP 进行了 ADF 单位根检验。结果显示 HP 滤波法的经济周期波动在 5% 的置信区间内是平稳的,而 BP 滤波法的经济周期在 1% 的置信区间内是平稳的。

在房地产价格的波动上,我们看到在 2008 年前开始出现明显的下降,但后来的刺激计划使房价不断上涨,在 2016 年又有了一波较大幅度的上升。近期房地产价格等资产价格的波动,与实体经济 GDP 等的波动是相悖离的,说明金融体系在一定程度上与实体经济出现了脱节现象,需要尽快地调整和改革。房地产投资在 2013 年以后出现较大幅度的下滑性波动,但到 2016 年出现了反转的趋势。这可能是一、二线城市房价涨速过快,使一些城市的房地产投资仍然具有较大的动力的原因,具体如图 3-5 和图 3-6 所示。

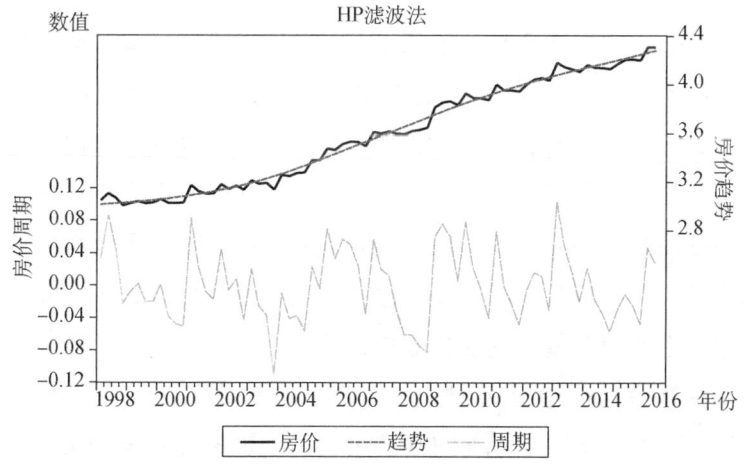

图 3-5　资产价格(房地产)波动周期

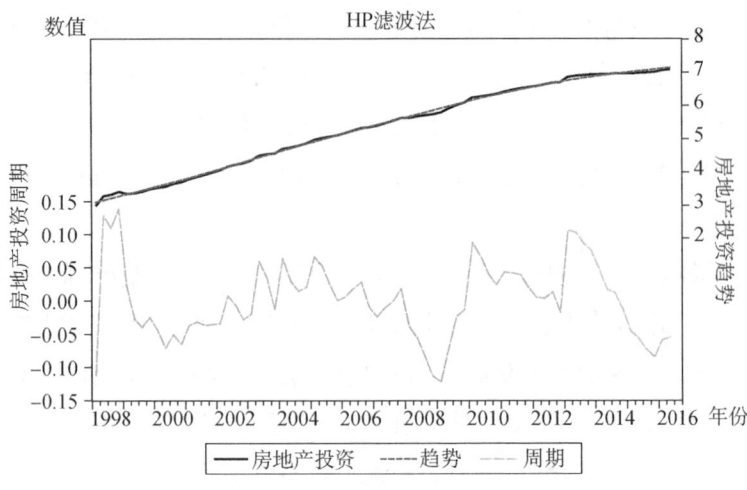

图 3-6 房地产投资的波动周期

四、基于中国银行业面板数据的实证分析

(一) 数据来源与方法说明

在对于金融周期性与系统重要性的实证研究中,本书选择包括四大国有银行在内的 19 家主要商业银行为样本,样本时间区间为 2000~2019 年,数据源于 CSMAR 和 Bankscope 数据库。按照前面的推导,我们根据方程(3-10)和方程(3-11)来进行实证分析。由于同时涉及横截面数据和时间序列数据,因此我们基于银行面板数据进行相应的分析。在面板数据分析时,通过 F 检验和 Hausman 检验来决定是采用固定效应模型还是随机效应模型。

在具体的变量选择上,为了消除银行数据可能产生的异方差问题,我们对经济周期变动($GDPCycle$)、贷款损失拨备(LLP)、贷款($Loan$)等数据进行了对数处理。资本缓冲(Buf)是各银行实际资本充足率减去最低资本监管要求比例 8%[①]。在经济周期变动

[①] 在 2000~2010 年,巴塞尔资本协议和我国监管当局对商业银行最低资本充足率的要求为 8%。2013~2019 年新的资本协议实施过渡期,总体上仍然保持这种资本要求。

($GDP\ Cycle$)的衡量上,为了检验模型的稳健性,我们选择了三种方法来检验。第一种是 HP 滤波法。我们通过 HP 滤波将 GDP 总量分解成趋势成分和周期成分。其中,趋势成分为 GDP 潜在产出,而周期成分则是 GDP 产出缺口,也就是反映经济周期变动的成分。第二种是 Bax-King 滤波法,即 BP 滤波法。通过 BP 滤波提取出 GDP 总量的周期变动成分,以反映经济周期的变动。第三种是 GDP 增长率,以此反映经济周期的变动。

《巴塞尔协议Ⅱ》要求资本充足率不低于 8%,而最新的《巴塞尔协议Ⅲ》则进一步提高了要求。由于《巴塞尔协议Ⅲ》的过渡期是从 2013 年到 2019 年,且我们前面所处的时期主要是 8% 的资本要求,因此我们选择的资本缓冲(Buf)是各银行实际资本充足率减去最低资本监管要求比例 8%。在具体的变量选择上,为了消除银行数据可能产生的异方差问题,我们对经济周期变动($GDPCycle$)、贷款损失拨备(LLP)、贷款($Loan$)等数据进行了对数化处理。

由于我国四大国有商业银行在整个金融体系中占有非常重要的地位,具有一定的系统重要性,因此可能会出现"太大而不能倒闭"的问题。这对于宏观审慎监管政策的选择是非常重要的。而且,我国在一段时期内曾经有比较严重的软约束问题,因此我们需要对四大国有商业银行进行相应的分析。我们设置了虚拟变量 Big 来分析大型商业银行的问题,按照银行类型,四大国有商业银行的 Big 为 1,其他商业银行的 Big 为 0。我国的四大国有商业银行都是属于国内的系统重要性银行,具有一定的代表意义。

(二) 资本监管的周期性、系统重要性与"大而不倒"

在 2004 年之前,我国没有一个统一要求的资本充足率管理办法。商业银行根据 1988 年巴塞尔资本协议实施资本监管,对风险权重设定、抵押和担保的风险缓释作用等标准是比较宽松的。2004 年,为了加强对商业银行资本充足率的监管,促进商业银行安全、稳健运行,银监会发布了《商业银行资本充足率管理办法》,使我国商业银行的资本监管变动更为正规化。因此,我们以 2004 年作为一个时间分界点,来考察我国商业银行资本监管与金融机构的系统重要性。资本监管的周期性如表 3-1 所示。

表 3-1 资本监管的周期性

解释变量	HP 滤波	BP 滤波	GDP 增长率	HP 滤波	BP 滤波	GDP 增长率
$Buf_{i,t-1}$	0.67*** (3.26)	0.66*** (3.26)	0.61*** (3.42)	0.23** (1.95)	0.23** (1.98)	0.23* (1.91)
$GDPCycle$	−5.38*** (−2.48)	−10.68*** (−2.60)	−5.57*** (−3.65)	1.35** (2.56)	2.21** (2.44)	0.81* (1.76)
$LLP_{i,t}$	−0.11 (−1.22)	−0.10 (−1.16)	−0.03 (−0.39)	−0.22** (−2.52)	−0.21** (−2.35)	−0.20** (−2.22)
$NPL_{i,t}$	0.00 (0.24)	0.00 (0.059)	−0.01 (−1.31)	0.00 (0.57)	0.00 (0.78)	0.00 (0.66)
$LOAN_{i,t}$	0.22 (1.31)	0.24 (1.41)	0.44** (2.62)	0.20** (1.99)	0.30*** (2.94)	0.34*** (2.95)
$ROE_{i,t}$	1.73*** (3.67)	1.70*** (3.69)	1.68*** (4.16)	0.07 (0.52)	0.09 (0.71)	0.11 (0.83)
Constant	−3.81 (−0.97)	−3.96 (−1.02)	−9.85** (−2.42)	1.36 (0.68)	−1.61 (−0.76)	−2.82 (−1.04)
R^2	0.78	0.79	0.83	0.83	0.82	0.82
Model	FE	FE	FE	FE	FE	FE
DATE	2000~2004	2000~2004	2000~2004	2005~2019	2005~2019	2005~2019

注:***、**、*分别代表在 1%、5%、10%的水平显著,括号中为 t 值。

在表 3-1 中,我们按照前面的分析,根据方程(3-10),以资本缓冲为被解释变量,然后通过 HP 滤波法、BP 滤波法和 GDP 增长率这三种方式衡量经济周期的变动,从而考察资本充足率的顺周期性。我们可以发现,在 2000~2004 年,无论是 HP 滤波、BP 滤波,还是 GDP 增长率,资本缓冲与经济周期之间都存在比较显著的顺周期关系。从 HP 滤波法来看,GDP 每增长 1%,资本缓冲就会减少 5.38%;从 BP 滤波法和 GDP 增长率来看,资本缓冲会相应减少 10.68%和 5.57%。也就是说,当经济上行时,银行会增加信贷供给,刺激经济,从而使资本充足率有所下降。而在经济下行时,银行则会减少信贷供给,收缩经济,从而使资本充足率逆向上升。资本充足率的这种顺周期性,将给经济发展带来非常负面的影响。尤其在经济出现衰退,企业最需要信贷支持的时候,银行将出现"惜贷"的行为。

但是,我国银监会出于防范金融风险的需要,在2004年出台了《商业银行资本充足率管理办法》,对于资本监管和风险防范提出了更高的要求。在2005~2019年,资本缓冲开始表现出一定的逆周期性特征。无论是HP滤波、BP滤波,还是GDP增长率,资本缓冲与经济周期之间都呈现出正相关的关系,其系数分别为1.35、2.21和0.81,并且在5%~10%内是显著的。因此,在2004年提高了资本充足率管理的要求后,我国银行的资本充足率的顺周期性是有所缓解的。在经济上行的阶段,由于金融监管当局更为严格的要求,商业银行在贷款的发放上受到了一定控制。这在很大程度上缓释了资本充足率的顺周期性。在金融危机来临时,我国银行业受到的冲击较小,承受风险的能力较大。这与早前的资本充足率要求应该是有内在联系的。资本监管、系统重要性与"大而不倒"的相关信息,如表3-2所示。

表3-2 资本监管、系统重要性与"大而不倒"

解释变量	HP滤波	BP滤波	GDP增长率	HP滤波	BP滤波	GDP增长率
$Buf_{i,t-1}$	0.67*** (3.18)	0.65*** (3.17)	0.61*** (3.33)	0.23** (2.04)	0.24** (2.04)	0.20 (1.53)
$GDPCycle$	−5.47** (−2.30)	−10.28** (−2.33)	−5.55*** (−3.51)	1.79*** (3.26)	2.48** (2.47)	0.60 (1.16)
$LLP_{i,t}$	−0.10 (−1.07)	−0.11 (−1.16)	−0.03 (−0.37)	0.21** (−2.52)	−0.20** (−2.24)	−0.22** (−2.38)
$NPL_{i,t}$	0.00 (0.20)	0.00 (0.10)	−0.01 (−0.89)	0.00 (0.70)	0.00 (0.80)	0.00 (0.70)
$LOAN_{i,t}$	0.22 (1.19)	0.25 (1.41)	0.44** (2.41)	0.20* (1.98)	0.30*** (2.84)	0.35*** (3.04)

(续表)

解释变量	HP 滤波	BP 滤波	GDP 增长率	HP 滤波	BP 滤波	GDP 增长率
$ROE_{i,t}$	1.72*** (3.47)	1.74*** (3.50)	1.69*** (4.00)	0.05 (0.42)	0.08 (0.64)	0.14 (1.05)
$Big*GDPCycle$	0.60 (0.10)	−3.64 (−0.29)	−0.36 (−0.08)	−2.03** (−2.11)	−1.33 (−0.65)	0.86 (0.97)
Constant	−3.74 (−0.92)	−4.15 (−1.03)	−9.73** (−2.21)	1.41 (0.73)	−1.63 (−0.76)	−2.64 (−0.97)
R^2	0.78	0.79	0.83	0.84	0.83	0.82
Model	FE	FE	FE	FE	FE	FE
DATE	2000~2004	2000~2004	2000~2004	2005~2019	2005~2019	2005~2019

注：***、**、* 分别代表在 1%、5%、10% 的水平显著，括号中为 t 值。

从资本缓冲与 $Buf_{i,t-1}$ 之间的关系来看，在 2000~2019 年，相关系数都表现为正值，说明银行当期资本充足率会受到上期资本充足率的影响，而且一般应呈现出正相关的关系。上期资本充足率较高的银行，调整的成本相对来说是比较小的，这与方程（3-10）的分析也是一致的。在 2000~2019 年，资本缓冲与贷款损失拨备（LLP）之间表现为负相关关系，说明计提贷款损失拨备越多，资本充足率越低。而且在 2005~2019 年这种负相关关系表现得更为明显，这也从一个侧面反映了我国资本充足率管理的要求变得更为严格。资本缓冲与不良贷款率（NPL）之间的相关关系并不明显；贷款规模与资本缓冲之间也呈现出正相关关系；资产收益率（ROE）与资本缓冲之间也呈现出一定的正相关关系，资产收益率高的银行经营风险较小，资本充足率也较高。这些与模型分析的结果也是类似的。

2008 年的全球金融危机带来的一大问题是金融机构的"太大而不能倒闭"问题。由于四大国有商业银行在我国经济发展中扮演着非常重要的角色，因此我们设置了虚拟变量 Big 来考察四大国有商业银行的影响，以便从一个侧面来反映四大国有商业银行的系统重要性，或者说预测在未来发展中是否可能也会出现"太大而不能倒闭"的问题。

第三章 《巴塞尔协议（Ⅰ和Ⅱ）》与金融宏观审慎监管

由表3-2可以看到,在2000~2004年,所有银行的资本充足率与经济周期之间呈现出顺周期性关系,$Big*GDPCycle$也呈现出一定的顺周期性,但影响较小。在2005~2019年,随着资本监管的逐步增强,银行总体上表现出一定的逆周期性,但国有商业银行仍然表现出一定的顺周期性。这说明金融监管当局在国有商业银行的监管上可能需要考虑更多的因素[①],也从侧面说明了国有商业银行具有一定的系统重要性。如果在未来的某个时刻出现问题,也很可能会出现"大而不倒"的现象。

总体来看,我国银行体系的资本充足率具有一定的顺周期性。由于我国在经济上行期间实施了较为严格的资本充足率监管,因此这种顺周期性是有所缓解的。但是,在资本充足率的顺周期性上,国有商业银行需要引起更多的关注,因为其具有一定的系统重要性,所以存在着"大而不倒"和"太关联而不能倒闭"的隐患。

（三）贷款损失拨备的周期性与"大而不倒"

在贷款损失拨备与经济周期之间的关系上,我们按照方程(3-11)进行相应的分析。如果贷款损失拨备（LLP）与经济周期变动（$GDPCycle$）之间呈现出负相关关系,则说明贷款损失拨备是存在顺周期性的。由表3-3可知,无论是通过HP滤波法、BP滤波法,还是GDP增长率来衡量经济周期,银行贷款损失拨备与经济周期之间呈现出非常明显的负相关关系,说明贷款损失拨备具有一定的顺周期性。在HP滤波法下,贷款损失拨备与经济周期之间的相关系数为-5.47,呈现负相关关系,并且在5%的区间内是显著的。GDP每增长1%,贷款损失拨备就会相应地减少5.47%。在经济上行时期,银行会发放更多的贷款,减少贷款损失拨备计提;而在经济下行时期,银行会收缩信

---

① 由于国有商业银行在我国的影响较大,因此在经济转型过程中,我们还需要考虑到社会效益。其中,可能出现的"软约束"等一些问题会影响金融监管当局政策的实施。

贷,增加贷款损失拨备计提。贷款损失拨备的顺周期性,使银行经营中的风险加大,尤其是经济下行时,该顺周期性可能产生更多的负面影响。

在很多国家,贷款损失拨备都有这种顺周期性。FSF(2009)的研究认为美国银行业的贷款损失拨备与GDP增长率具有较强的负相关关系。Borio(2003)等的研究也表明OECD国家的贷款损失拨备与经济周期之间有较为明显的负相关关系。同样地,我们也通过虚拟变量 Big 考察了国有大型银行贷款损失拨备的顺周期性。通过表3-3可知,$Big*GDPCycle$ 总体上仍然存在一定的顺周期性,但是这种顺周期性较弱。这说明我国对国有商业银行的监管已经得到了加强,贷款损失拨备的顺周期性已经有所缓解。当然,在2000～2019年,我国经济处于发展势头良好的上行期,经济增速都非常快,这也使我国金融监管当局可以对国有商业银行的贷款损失拨备提出较高要求。

很多研究表明,贷款损失拨备产生顺周期性的一个主要原因是公允价值会计准则[①]。我国新会计准则实施的期限较短,在未来的数年里,是否会给贷款损失拨备带来更强的顺周期性也是我们需要提前考虑的。在2008年全球金融危机后,欧美经济环境持续恶化,很多企业信用等级下降,违约率增加。各金融机构根据公允价值会计准则,不得不大幅增提拨备,以致大量的资产缩水。这些账面损失也极大地制约了银行的放贷能力,影响到市场的信心,欧美经济的"弱复苏"现象正是一个很好的例证。

贷款损失拨备与资本充足率的相关系数均为负数,总体上呈现出负相关的关系,但并不显著。贷款损失拨备与不良贷款率均表现出负相关关系,且均具有显著性。这说明不良贷款率会显著地影响到贷款损失拨备。不良贷款增加,则贷款损失拨备会相应减少。由于相关系

---

① G20(2009)、IMF(2009)等国际组织都关注到贷款损失拨备与公允价值会计准则之间的关系。

数非常小,所以这种影响力度并不很大。贷款损失拨备与贷款增速之间具有非常明显的负相关关系,相关系数为-1.24、-1.22和-1.14,说明这种影响是不可忽视的。在经济上行期,贷款快速上升时,贷款损失拨备会较为明显地减少,从而使风险更多地积聚。在经济下行期,当贷款增速回落时,贷款损失拨备又会明显上升,使衰退的经济进一步走入低谷。贷款损失拨备与资产收益率具有较为明显的正相关关系。随着资产收益率的提高,银行的贷款损失拨备也会有所增加。银行能够获得的持续营利性,将使贷款损失拨备计提更为容易。

表3-3 贷款损失拨备的周期性与"大而不倒"

解释变量	HP滤波	BP滤波	GDP增长率	HP滤波	BP滤波	GDP增长率
$PCycle$	-5.47** (-2.55)	-7.82** (-2.53)	-2.94*** (-2.81)	-4.94** (-2.08)	-6.80** (-1.99)	-3.15*** (-2.75)
$Buf_{i,t}$	-0.01 (-0.50)	-0.02 (-0.55)	-0.04 (-1.23)	-0.01 (-0.49)	-0.02 (-0.57)	-0.04 (0.20)
$NPL_{i,t}$	-0.03** (-2.56)	-0.04*** (-2.69)	-0.04*** (-3.09)	-0.03** (-2.58)	-0.04*** (-2.70)	-0.04*** (-3.11)
$LOAN_{i,t}$	-1.24*** (-4.04)	-1.22*** (-4.01)	-1.14*** (-3.90)	-1.23*** (-4.01)	-1.22*** (-4.00)	-1.12*** (-3.78)
ROE_{it}	1.17*** (4.57)	1.09*** (4.36)	0.84*** (3.36)	1.16*** (4.53)	1.09*** (4.37)	0.85*** (3.36)
$Big^* GDPCycle$				-2.41 (-0.53)	-4.80 (-0.70)	1.18 (0.47)
$Constant$	22.83*** (77.13)	22.89*** (78.74)	23.22*** (79.39)	22.83*** (76.85)	22.89*** (78.53)	23.24*** (78.26)
R^2	0.90	0.90	0.91	0.91	0.91	0.91
Model	FE	FE	FE	FE	FE	FE

注:***、**、*分别代表在1%、5%、10%的水平显著,括号中为t值。

总体来看,我国银行贷款损失拨备具有较强的顺周期性,不良贷款率、贷款增速与贷款损失拨备都具有负相关关系,而与资产收益率则具有正相关关系。从大型国有商业银行来看,由于监管要求更为严格,贷款损失拨备的顺周期性得到了一定的缓解,在过去的十多年里"大而不倒"问题显得并不是太突出。但是随着新会计准则实施时间的变长,贷款损失拨备的顺周期性可能会加剧,因此提前做出预防是很有必要的。由于贷款损失拨备的顺周期性,银行在以后的计提中就需要更多地考虑周期因素,建立跨周期的拨备计提方法。

五、金融顺周期性与中国宏观审慎监管改革需求

根据前文的实证分析,我国金融体系总体上存在一定的顺周期性,因此逆周期的监管政策将得到越来越多的重视,而宏观审慎监管框架的构建将有助于缓解这种顺周期性,避免更多的金融风险。由于资本监管上的顺周期性,我国需要不断完善逆周期的资本缓冲机制。我国国有商业银行在达到最低资本充足率要求的基础上,应当计提留存资本缓冲和逆周期资本缓冲,即在经济上行期计提能用于经济下行期吸收损失的动态超额资本,以增强国有商业银行应对经济周期的冲击能力,降低银行体系信贷供给的周期性波动。另外,可以压力测试作为风险价值的补充,因为压力测试可以针对前瞻性的设想情景进行,也可以使用较长时间的历史数据,相对而言不太受短期市场波动的影响。

系统重要性金融机构应该引起更多的重视。在经济发展中的特殊地位使我国国有商业银行具有内在的系统重要性,因此对这些系统重要性的大型金融机构还需要附加额外的逆周期监管政策。事实上,防止出现"大而不倒"和"太关联而不能倒闭"的问题,也是我国宏观审慎监管框架中不可或缺的一部分。虽然我国大型金融机构目前经营相对稳健,但是额外的逆周期政策可能具有更为长远的意义。

由于我国金融体系总体上存在一定的顺周期性,因此逆周期的监管政策得到越来越多的重视,而宏观审慎监管框架的构建将有助于缓解这种顺周期性,避免更多的金融风险。2011年4月,我国银监会出台了《关于中国银行业实施新监管标准的指导意见》,进一步地与《巴塞尔协议Ⅲ》接轨。2012年6月,银监会颁布了最新的《商业银行资本管理办法(试行)》,并在2013年1月1日起正式执行,这说明我国金融监管当局已经着眼于未来金融周期性的规避和宏观审慎监管改革。根据对资本监管的周期性、贷款损失拨备的周期性的分析,我们认为需要探索和完善我国的宏观审慎监管框架,并且适当地与货币政策结合。

由于在资本监管上的顺周期性,我国需要建立逆周期的资本缓冲机制。资本充足率要求应在经济、金融形势景气时增加,在经济、金融形势低迷时减少。要求国有商业银行在达到最低资本充足率要求的基础上,计提留存资本缓冲和逆周期资本缓冲,即在经济上行期计提能用于经济下行期吸收损失的动态超额资本,以增强商业银行应对经济周期冲击的能力,降低银行体系信贷供给的周期性波动。另外,可以压力测试作风险价值的补充,因为压力测试可以针对前瞻性的设想情景来进行,也可以使用较早的历史数据,相对而言不太受短期市场波动的影响。

由于在贷款损失拨备上的顺周期性,我国需要建立前瞻性和逆周期的贷款损失拨备。要基于对贷款组合未来损失的预期,在信贷风险不断累积时,提前计提拨备,即在经济上行时多计提拨备,以应对经济下行时吸收信贷损失的需要。另外,新会计准则的使用是一个导致顺周期性的潜在风险,因此我们需要尽快改进对会计准则的指引。

由于我国国有商业银行在经济发展中的特殊地位,因此其具有较强的系统重要性。对于这些系统重要性的大型金融机构,额外的逆周期监管政策还需附加上。防止出现"太大而不能倒闭"和"太关联而不能倒闭"的问题,也是我国宏观审慎监管框架中不可或缺的一部分。虽然我国大型金融机构目前经营相对稳健,但是额外的逆周期政策可能具有更为长远的意义。

另外,在相应的时期内,货币政策的变动可能又会带来金融机构流动性的变化,因此宏观审慎监管还必须考虑与货币政策之间的互动。在新的宏观审慎监管架构中,政府应当明确宏观审慎监管的责任机构,中央银行可能是一个相对较好的选择。中央银行负责监控金融体系的系统性风险,并定期将分析结果及建议反馈给微观审慎监管机构,微观审慎监管机构则根据中央银行的建议采取适当的措施。

在我国经济转型的过程中,由于经济与金融形势变化极快,中国人民银行在制定货币政策上需要花费更多的时间和精力。在财力、物力等多项因素的限制下,中国人民银行可能难以很快地完成角色转换,而且在微观审慎监管机构之间的协调工作本身也具有较大难度,因此我国还可以考虑建立更高层面的金融宏观审慎委员会,承担类似欧洲系统性风险委员会、美国金融稳定监督委员会以及英国金融稳定委员会的职责。

从2013年1月开始,我国银行业正式实施了《商业银行资本管理办法(试行)》,银行均已按照要求重新计算资本。在此影响下,我国国有商业银行的资本充足率和核心资本充足率出现了普遍下降的情况。在经历了2008年全球金融危机之后,银行业去杠杆化以及增加流动性管理的必要性在全球监管层面上已经达成共识。中国既然率先实施《巴塞尔协议Ⅲ》,在资本要求上也设置了过渡期安排,因而对我国以往资本监管的效果和系统重要性银行的影响力进行更为深入细致的研究,是具有经验性意义的。

从国际监管来看,2008年全球金融危机爆发后美国的金融监管改革和英国2013年对新型"双峰"监管模式的探索,对我国都有着很好的启示作用。

第四章 《巴塞尔协议Ⅲ》与中国的宏观审慎监管改革

第一节 《巴塞尔协议Ⅲ》与金融监管

2008年的全球金融危机后,实务界和学术界对金融体系进行了重新审视。国际社会普遍认为,金融体系的顺周期性、资产价格波动、高杠杆率等因素是导致金融危机的重要原因。在《巴塞尔协议Ⅰ》和《巴塞尔协议Ⅱ》的框架下,资本吸收损失能力不强,对表外业务和证券化产品的资本要求不足,以及其他一系列问题纷纷凸显出来。尤其是在危机状况下,银行体系流动性出现了迅速枯竭的现象。巴塞尔委员会开始重新审视和改进原有的资本监管框架,制定了有关资本和流动性监管改革的系列方案。

《巴塞尔协议Ⅲ》对《巴塞尔协议Ⅱ》的重大修改也反映了危机中金融体系的表现。随着金融一体化的不断加深,金融风险传递的可能性提高。不同类型风险之间的演变速度不断上升,信用风险可能会迅速演变为市场风险、流动性风险或系统性风险。而且,金融工具、金融机构、金融市场以及主权国家之间的风险传染速度也在不断加快。仅仅从"自下而上"的角度来维护单个金融机构微观审慎监管机制的稳健性,不能有效地应对金融体系的顺周期性和系统性风险。改革的方向转换到"自上而下"的逆周期金融宏观审慎监管。

在《巴塞尔协议Ⅱ》的框架下,一些顺周期性的风险相当隐蔽。以雷曼兄弟为例,倒闭前的雷曼兄弟是非常安全的公司。2008年中期,雷曼兄弟的一级资本充足率达到11%,流动性也非常充足(其流动性池中,有420亿美元的流动储备,现金资本150亿美元)。不过,当金融危机来临时,雷曼兄弟显得非常脆弱。仅仅通过资本充足率,已经难以真正地了解银行的金融机构的运作情况。次级债券、资产证券化产品等金融创新产品的大量出现,很容易造成金融机构资本充足率虚高的现象。家庭部门、企业部门和金融部门的杠杆率大幅上升,核心资本充足率和杠杆率在很大程度上出现了背离。在原有的框架体系下,风险的防范也变得更为困难,巴塞尔协议的监管框架也亟待改革。

在雷曼兄弟破产两周年之后,《巴塞尔协议Ⅲ》在瑞士巴塞尔顺利出炉。最新通过的《巴塞尔协议Ⅲ》受到了2008年全球金融危机爆发的直接影响,该协议的草案于2010年提出,在短短一年时间内就获得了最终通过,并在2010年11月的G20首尔峰会上获得正式批准且予以实施。《巴塞尔协议Ⅲ》几经波折,在2013年1月6日发布了最新规定。新规定丰富了高流动性资产概念的定义并放宽了实施时间。

《巴塞尔协议Ⅲ》的一些要求已经超出了传统意义上微观审慎监管的要求,对危机中暴露出的系统性风险管理缺失进行了重要纠正,特别强调防范系统性金融风险和缓解金融体系中的顺周期性。与之前监管最大的不同是,《巴塞尔协议Ⅲ》引入了宏观审慎监管维度。传统的微观审慎监管,一方面提高了经济周期的波动幅度,一方面却无法规避"合成谬误"问题。"合成谬误"是指个体最优并不能保证总体最优。在一个系统中,每个个体都达到最优,并不表示总体也能达到最优。微观审慎监管的理念是保证每个金融机构都足够的稳健,从而使整个金融体系保持稳定。但是,这种监管思路难以规避"合成谬误"带来的影响。宏观审慎监管理念的核心是将系统性风险纳入审慎监管的范畴,在关注单个金融机构风险的基础上,关注系统性风险的水平和变动趋势。

《巴塞尔协议Ⅲ》的推行,使银行资本管理问题的解决方案变得更为全面和务实。国际银行业强化了全球资本标准,这利于稳定长期的金融局势。但是,《巴塞尔协议Ⅲ》还需要时间检验,要在实践中不断发展,以便更好地适应新的金融形势,面对新的金融挑战。

第二节 《巴塞尔协议Ⅲ》的主要改革

《巴塞尔协议Ⅲ》吸收了全球金融危机中暴露出的金融问题,修正了《巴塞尔协议Ⅱ》的多项内容。该协议在资本充足率监管要求、资本缓冲机制、杠杆率监管、流动性风险监管等多方面进行了弥补和完善,力图使金融体系的运行变得更为稳健。

一、加强资本充足率监管

资本充足率是资产负债比例管理中最为重要的一项监管指标,一直也是银行业监管的核心部分。从《巴塞尔协议Ⅰ》实施以来,8%的资本充足率和4%的核心资本充足率一直被当成一个必要的指标。《巴塞尔协议Ⅱ》实施后,又把资本充足率监管设定为第一监管支柱,资本充足率监管得到了更多的强化。《巴塞尔协议Ⅲ》的修订,也是以资本充足率为基础开展的。

从《巴塞尔协议Ⅰ》到《巴塞尔协议Ⅲ》,资本充足率监管也发生了很多的变化,关于资本的定义也产生了差异(表4-1)。在《巴塞尔协议Ⅰ》的要求下,资本充足率的计算如下:

$$全部资本充足率 = \frac{资本总额}{风险资产总额} \times 100\%$$

$$核心资本充足率 = \frac{核心资本}{风险资产总额} \times 100\%$$

其中,   资本总额=核心资本+附属资本

$$\text{风险资产总额} = \text{表内风险资产总额} + \text{表外风险资产总额}$$
$$= \sum \text{表内资产} \times \text{风险权重} + \sum \text{表外资产}$$
$$\times \text{信用转换乘数} \times \text{相应表内资产的风险权重}$$

表 4-1　从《巴塞尔协议Ⅰ》到《巴塞尔协议Ⅲ》的资本定义

《巴塞尔协议Ⅲ》	《巴塞尔协议Ⅱ》	《巴塞尔协议Ⅰ》
一级资本	一级资本	核心资本
普通股:占比由50%提高到75%	实收资本/普通股	普通股、永久性非累积优先股
	股本溢价	股本溢价
	留存收益	留存收益
其他持续经营下的资本	盈余公积	一般准备金和法定准备金的增值
不计入一级资本	少数股东权益	
不计入一级资本	创新资本工具(上限15%)	
二级资本	二级资本(不超过一级资本的100%)	附属资本(不超过一级资本的10%)
简化二级资本,只有一套二级资本的合格标准,其他子类别被取消	一般准备	非公开储备
		重估储备
	混合债务资本工具	一般储备金/一般呆账准备金
	次级债	
		混合债务资本工具
三级资本被取消	三级资本(市场风险暴露,极端情况适用)	

资料来源:根据《德勤:解读 Basel Ⅲ 国际金融监管体系改革新动向》等资料整理。

《巴塞尔协议Ⅱ》在《巴塞尔协议Ⅰ》的基础上,扩大了风险资本计提的范围,在资本充足率计算公式中的分子项中,增加了三级资本的内容;在分母项中,除了新增信用风险的加权资产外,还新增了有关市场风险和操作风险资本的要求。对于利率风险大大超出平均水平的银行,我们应当根据银行账户的利率风险提出相应的资本要求。对于操作风险项目,也是相似的计算。在计算总的风险加权资产时,除了针对信用风险的风险加权资产,另外还需加上市场风险和操作风险的资本要求乘以12.5再乘以违约风险暴露的乘积。分母项的增加要大于分子项的增加,所以同样在8%的资本充足率和4%的核心资本充足率要求下,《巴塞尔协议Ⅱ》提出了更高的资本充足率要求。巴塞尔委员会提高资本质量的改革措施,如表4-2所示。

表4-2 巴塞尔委员会提高资本质量的改革措施

一级资本分类	计算	改革方案
普通股权益资本（核心一级资本）	普通股（含留存收益）－商誉（扣减项）＝有形普通股资本－其他扣减项＝净普通股资本（普通股一级资本）	主要成分必须是普通股,包括留存收益;不包含类似债券的资本工具;不允许"金融创新"工具;剔除扣减项(商誉,超过递延所得税资产、抵押服务权和财务额度的金额等);扣减项是全球统一的标准
其他一级资本	＋优先股 ＋其他无限期的损失吸收工具(仅包括无限期的、类似债券的资本工具)	资本工具必须满足严格的准入标准;仅包含无限期的类似债券的资本工具;包括诸如政府救助的例外的资本工具;剔除创新混合债券工具
一级资本	一级资本(持续经营假设下的资本)	加强一级资本结构的披露(包括所有的监管调整、主要特征、比率解释)
应急资本	或有可转换债券(应急资本)	在一定条件下可以转换为普通股的资本工具

资料来源:根据《巴塞尔协议》整理。

《巴塞尔协议Ⅰ》的资本定义和资本结构规定,使很多银行的名义资本充足率很高,但其中相当一部分是债务资本工具,普通股等吸收损失能力较强的资本占比并不是很高。因此,《巴塞尔协议Ⅱ》明确了一级资本和二级资本的计入标准,取消了三级资本,强调资本的主体为普通股和留存收益,规定商誉、对未并表的金融机构投资、少数股东权益等八个扣减项从普通股中加以扣除。一个典型的案例是雷曼兄弟公司。雷曼兄弟在2008年中期的一级资本充足率为11%,从《巴塞尔协议Ⅱ》来看是非常安全的,但后来雷曼兄弟在2008年的全球金融危机中显得非常脆弱,以致最后倒闭。因此,金融危机后,监管当局意识到资本质量与资本数量是同等重要的。为了提高资本质量,增强银行资本工具吸收损失的能力,《巴塞尔协议Ⅲ》对一级资本的定义变得更加严格。

一级资本修改后,其主要形式是普通股和留存收益。普通股必须满足一套合格标准才能计入一级资本,满足一定标准的资本可计入其他持续经营下的资本。二级资本简化得非常明显,只有一套二级资本的合格标准,其他子类别被取消,《巴塞尔协议Ⅱ》中二级资本不能超过一级资本的限制被取消。三级资本被完全取消,以保证弥补市场风险的资本质量等同于弥补信用风险和操作风险的资本质量。除此之外,大大提升了普通股的比重。由表4-3可知,《巴塞尔协议Ⅱ》中普通股的最低要求为2%,而在《巴塞尔协议Ⅲ》中最低要求提高到4.5%,再加上资本留存超额资本的2.5%,普通股占比至少应达到7%。虽然总的资本充足率保持8%不变,但是由于银行要计提2.5%的留存资本缓冲,所以实际有效的普通股、一级资本和总资本要求已经分别达到了7%、8.5%和10.5%。

表4-3 从《巴塞尔协议Ⅰ》到《巴塞尔协议Ⅲ》的最低资本要求变化

与风险加权资产的百分比	资本要求							逆周期资本缓冲	对系统重要性金融机构的额外资本要求
	留存缓冲资本	普通股		一级资本		总资本			
		最低要求	总资本要求	最低要求	总资本要求	最低要求	总资本要求		
《巴塞尔协议Ⅰ》				4%		8%			
《巴塞尔协议Ⅱ》		2%		4%		8%			
《巴塞尔协议Ⅲ》	2.5%	4.5%	7%	6%	8.5%	8%	10.5%	0~2.5%	1%~2.5%

资料来源:根据BCBS《第三版巴塞尔协议改革最终方案》等资料整理。

一些系统重要性金融机构,还需要提取1%~2.5%的额外资本要求。金融稳定委员会在每年的11月会公布全球系统重要性银行名单,会要求系统重要性银行提高资本要求,对于未上榜但可能对某国或某地区产生负面外部效应的国内系统重要性银行,巴塞尔委员会也会敦促各国金融监管当局提高资本监管要求。

巴塞尔资本监管的要求越来越严格,资本监管思路不断进步,资本监管也变得越来越有系统性。在关注风险类别上,资本监管框架从《巴塞尔协议Ⅰ》的只考虑信用风险,发展到《巴塞尔协议Ⅱ》中增加了市场风险和操作风险等其他风险,再到《巴塞尔协议Ⅲ》将资本监管的范围进一步扩大到交易账户、资产证券化、交易对手信用风险等多个方面,银行体系的风险管理日益完善。《巴塞尔协议Ⅰ》和《巴塞尔协议Ⅱ》还是着重于微观审慎的层面,主要强调对单一风险的管理,《巴塞尔协议Ⅲ》则更多地考虑了系统性风险的影响,各个国家或地区也都开始关注宏观层面的影响因素。在监管方法上,《巴塞尔协议Ⅰ》的监管方法主要是定性分析方法,而《巴塞尔协议Ⅱ》则提供了多种风险计量方法,鼓励银行不断提高风险管理的水平。《巴塞尔协议Ⅲ》是在此基础上的延续,并进一步强调定性定量相结合的管理方式(表4-4)。虽然资本监管的有效性也受到一些质疑,但巴塞尔委员会并没有动摇资本监管的决心。在银行风险监管中,资本监管仍然是《巴塞尔协议Ⅲ》坚持和发展的核心部分。

表4-4 巴塞尔协议资本监管的资本构成和风险资产

项目	分子项	分子项资本扣减比例	分母项
《巴塞尔协议Ⅰ》	一级资本、附属资本	50∶50	信用风险加权资产总额
《巴塞尔协议Ⅱ》	一级资本、附属资本、三级资本	50∶50	信用风险加权资产+(市场风险资本+操作风险资本)×12.5
《巴塞尔协议Ⅲ》	核心一级资本、其他一级资本、附属资本	全部从普通股中扣减	信用风险加权资产+(市场风险资本+操作风险资本)×12.5

资料来源:根据巴曙松等(2015)等资料整理。

二、建立逆周期资本缓冲机制

为了解决《巴塞尔协议Ⅱ》存在的顺周期性问题,《巴塞尔协议Ⅲ》要求建立资本留存缓冲和逆周期资本缓冲。针对最低资本要求存在的顺周期性问题,《巴塞尔协议Ⅲ》要求银行在经济扩张时要留取缓冲资本,以便经济紧缩、银行发生损失时用这些缓冲来吸收损失。《巴塞尔协议Ⅲ》要求,缓冲资本应该高于最低监管标准。银行在最低普通股资本要求的4.5%的基础上,还应该保留最低2.5%的普通股资本留存缓冲(即最低普通股资本要求加上留存资本缓冲后的普通股资本要求,达到7%)。在缓冲资本降低后,银行可以酌情减少收益分配的方式来重建资本缓冲,包括减少股息支付、股票回购和员工红利支出。银行也可以向私人部门筹集的新资本作为内部资本留存的替代,反对利用资本缓冲支付股息、雇员红利等收益分配。《巴塞尔协议Ⅲ》要求在最低监管资本要求之上,建立一个由普通权益一级资本构成的资本留存缓冲。当资本水平降到该范围之内时,银行将受到资本分配的限制。

为了确保将银行运营的宏观金融环境因素纳入银行部门的资本要求,《巴塞尔协议Ⅲ》还提出了逆周期资本缓冲要求。逆周期缓冲制度包括:①各国金融监管当局应该监测信贷增长以及其他能反映系统性风险积累的指标,并评估信贷增长是否已经过度,并将导致系统范围内的风险积累,基于此评估制定逆周期资本缓冲要求;②国际性银行应关注信用暴露所在地,并计算它们特定逆周期资本缓冲要求(应等于信用暴露所在地资本缓冲要求的加权平均);③如果银行的逆周期资本缓冲未达到要求,其将受到分配限制(BCBS,2010a,2010c)。

另外,《巴塞尔协议Ⅲ》要求逆周期资本缓冲包括国家逆周期资本缓冲和银行特定的逆周期资本缓冲两个层面。在国家层面上,巴塞尔委员会制定了《各国监管当局实施逆周期资本缓冲指引》,要求各成员国指定一个负责决定逆周期资本缓冲规模的权力机构。当该机构判定某一时期信贷过度增长将导致系统范围内的风险时,根据系统风险程度建立一个占加权风险资产 0~2.5% 的逆周期资本缓冲要求则会被提出。在银行层面上，逆周期资本缓冲是资本留存缓冲的拓展，这要求银行建立一个占加权风险资产 0~2.5% 的逆周期资本缓冲。

尽管逆周期资本缓冲在一定程度上能够防止经济上行时信贷过快增长、经济下行时信贷过快紧缩，降低信贷波动幅度，但它的首要目标不是直接调控信贷，也不是调控宏观经济，而是避免银行业因信贷过快增长而导致损失。逆周期资本缓冲的关键是，选取合适的经济指标作为经济上行周期和经济下行周期的触发条件，即通过相关变量确定银行是否应该累积或者释放资本缓冲，以此为基础确定合理的逆周期资本水平。目前的主流观点认为，不同的变量指标在判断经济上行期和经济下行期的表现不一样，应该将经济上行期的逆周期资本缓冲累积和经济下行期的逆周期资本缓冲释放分开考虑，分别选取不同的变量指标进行操作。巴塞尔委员会在《巴塞尔协议Ⅲ》和《各国监管当局实施逆周期资本缓冲指引》中建议，可根据信贷/GDP 指标对长期趋势的偏离度，来确定经济上行周期应计提的逆周期性资本缓冲的数量。

三、设立杠杆率监管

2008 年全球金融危机的基本特征之一是银行体系的表内外杠杆率过度积累，高杠杆率是导致银行和银行系统脆弱的一个关键性因素，也是 2008 年全球金融危机的主要诱因之一。其不仅增强了危机对银行体系的冲击，而且危机后不可避免的去杠杆化作用给银行系统带来了巨大的压力。

尽管杠杆率监管历史悠久，但随着《巴塞尔协议Ⅰ》的颁布，杠杆率监管逐渐为资本充足率标准所取代。由于《巴塞尔协议Ⅱ》也忽视了对银行以及银行体系杠杆率的关注，导致在《巴塞尔协议Ⅱ》框架下，许多银行公布的、基于风险的一级资本比率较高，表内外的杠杆率水平也较高，从而积累了过度的风险（BCBS，2010d）。以美国银行部门为例，《巴塞尔协议Ⅱ》颁布后，尽管美国银行部门的核心资本充足率总体上基本满足 8% 的要求，但是总体杠杆率较高，扣除商誉和其他无形资产后的有形资产比有形权益杠杆率还高。在《巴塞尔协议Ⅱ》框架下，杠杆作用使银行部门更为脆弱性，危机前杠杆率的不断上升导致银行部门风险不断积聚；而危机发生后银行被迫降低杠杆率、提高资本充足率，进行去杠杆化，进而增加了资产价格下降的压力。银行资产状况恶化，银行部门的信贷供给能力加速收缩，即去杠杆化作用加剧了"亏损—银行资本金下降—缩减信贷"的恶性循环。

为了控制银行部门杠杆率的过度积累，避免不稳定的去杠杆化过程及其对整个金融系统和经济体系造成的危害，巴塞尔委员会引入一个简单、透明、无风险基础的杠杆率，并基于适当的评估和校准将其纳入一级资本，作为风险资本要求的可靠补充(BCBS，2009，2010a)。并且，《巴塞尔协议Ⅲ》要求在计算杠杆率时，风险敞口的测算应该包括表内项目(如证券融资交易和衍生品)，以及表外项目(如贷款承诺、无条件可撤销承诺、直接信用替代等)。

随着英国宏观审慎监管框架的改革，英国金融服务局在 2009 年 3 月首次提出杠杆率监管的做法。2009 年 12 月，巴塞尔委员会在《增强银行业抗风险能力(征求意见稿)》中正式引入了杠杆率，并以此作为资本框架的补充措施，并在适当的评估和校准后纳入了第一支柱。另外，为避免杠杆率监管的全球套利，巴塞尔委员会在全球范围内调整会计准则的差异，统一杠杆率的计算方法。为了避免表内资产向表外资产的转移，这次杠杆率的计算还将表外项目纳入进来。杠杆率的计算中，分子项目前暂定为《巴塞尔协议Ⅲ》中重新定义的一级资本，但在过渡期内的跟踪考察以《巴塞尔协议Ⅲ》定义下的核心一级资本和总监管资本作为分子项目的影响。分母项包括资产负债表内总资产和特定的表外资产。《巴塞尔协议Ⅲ》要对杠杆率的元素和最终结果进行披露，以提高杠杆率的可靠程度。计算各类衍生产品潜在风险暴露所采用的固定系数，如表 4-5 所示。

表 4-5 计算各类衍生产品潜在风险暴露所采用的固定系数

剩余期限	利率	汇率和黄金	股票	除黄金以外的贵金属	其他
1年(含)以下	0.0%	1.0%	6.0%	7.0%	10.0%
1~5年	0.5%	5.0%	8.0%	7.0%	12.0%
5年以上	1.5%	7.5%	10.0%	8.0%	15.0%

资料来源：根据 BCBS《第三版巴塞尔协议》(Basel Ⅲ)整理。

正是基于 2008 年的全球金融危机表现出来的这两个显著现象，越来越多的经济学家和政策制定者，希望将杠杆率指标这一兼具微观审慎监管和宏观审慎监管目标的政策工具引入监管框架。国际社会经过了一年多的研究和讨论，杠杆率监管的最终方案在 2010 年 12 月公布的《巴塞尔协议Ⅲ》中得到确认。其包含的基本内容有以下几个方面：第一，将会以《巴塞尔协议Ⅲ》中的一级资本作为杠杆率计算的分子，与此同时，巴塞尔委员会会对于是否能够将总资本或者有形普通股作为分子的可行性进行研究。第二，以调整后的表内资产和表外资产的总和作为杠杆率计算的分母。表内资产和表外资产的计量方法如下：表内项目全额计入。其中，资产证券化风险暴露按照会计处理结果计入；对发起机构来说，如果有部分项目终止确认，应将所保留的头寸加上所提供的信用增级一同计入；若未终止确认，应按照基础资产的价值计入。合成型资产证券化与其他信用缓释工具处理方式相同，即不因抵押、担保和其他信用风险缓释工具的存在而减少风险暴露金额。证券回购、逆回购和其他证券融资按照会计处理结果计入，但允许使用新资本协议的净扣规则。对于衍生产品，可采用现期风险暴露法，允许使用新资本协议的净扣规则。衍生产品现期风险暴露法的计算公式为：

$$衍生产品的现期风险暴露 = RC_{MTM} + \delta$$

其中，RC_{MTM} 为按公允价值计算的衍生产品重置成本；δ 为潜在风险暴露,反映衍生产品在剩余期限内可能产生的潜在损失。δ的计算方法为衍生产品名义本金乘以巴塞尔委员会所规定的固定系数(表4-5)。

在杠杆率监管的计算方法和支柱地位改变后,为了尽量降低《巴塞尔协议Ⅲ》对银行贷款和经济金融形势的影响,巴塞尔委员会给出了一个较长的过渡期(表4-6)。从2011~2012年的观察期开始,到2013年引入杠杆率指标,到2017年开始进入并行期,杠杆率指标从2015年1月1日起开始披露。其他各项安排,最长到2019年1月完成过渡。截至2020年,中国、美国、日本等主要国家和地区已经较为顺利地完成过渡期,《巴塞尔协议Ⅲ》在未来会发挥越来越大的作用。

表4-6 巴塞尔协议Ⅲ关于资本监管的过渡期安排

项目	2011~2012年	2013年	2014年	2015年	2016年	2017年	2018年	2019年1月
杠杆率	监督检测	并行期从2013年1月1日到2017年1月1日,2015年1月1日开始披露					将杠杆率正式纳入第一支柱	
最低普通股权益资本比率		3.5%	4.0%	4.5%	4.5%	4.5%	4.5%	4.5%
留存缓冲资本					0.625%	1.25%	1.875%	2.5%
最低普通股与留存缓冲资本之和		3.5%	4.0%	4.5%	5.125%	5.75%	6.375%	7%
普通股扣减项的逐步实施				20%	40%	60%	80%	100%	100%
一级资本最低要求		4.5%	5.5%	6.0%	6.0%	6.0%	6.0%	6.0%

(续表)

项目	2011~2012年	2013年	2014年	2015年	2016年	2017年	2018年	2019年1月
总资本最低要求		8.0%	8.0%	8.0%	8.0%	8.0%	8.0%	8.0%
总资本与留存缓冲资本之和		8.0%	8.0%	8.0%	8.625%	9.125%	9.875%	10.5%
不再作为合规非核心一级资本或二级资本的资本工具		从2013年开始的10年之内逐步退出						
流动性覆盖率	观察期开始			引入最低标准				
净稳定融资比率		观察期开始				引入最低标准		

资料来源:《德勤:解读〈巴塞尔协议Ⅲ〉国际金融监管体系改革新动向》,2011。

四、加强流动性风险监管

虽然《巴塞尔协议Ⅱ》在金融监管方面相对于《巴塞尔协议Ⅰ》取得了很大的进步,如使资本要求不仅涵盖信用风险,还包括市场风险和操作风险,但是其仍然忽视了对流动性风险的监管。这导致在2008年的全球金融危机前,国际上缺乏统一的全球流动性监管标准。而这次全球金融监管改革一个非常重要的进步在于推出了全球流动性标准,使人们充分认识到对流动性监管的重要性。《巴塞尔协议Ⅲ》明确指出,"更严格的资本金要求,对银行部门的稳定性来说是必要条件,但并非充分条件,通过稳健的监管标准来强化流动性储备也具有同等重要性"(BCBS,2010a)。

鉴于2008年全球金融危机的教训和流动性对于银行健康持续运营的重要性,巴塞尔委员会在2008年出版了《健全流动性风险管理和监管的稳健原则》,并于2010年12月公布了作为《巴塞尔协议Ⅲ》的重要组成部分——《巴塞尔Ⅲ：流动性风险计量、标准和监测的国际框架》。为了巩固流动性框架,《巴塞尔协议Ⅲ》制定了两套融资流动性的最低标准:一是通过确保银行拥有足够的高质量的流动性,以便度过为期一个月的、极其严峻的压力环境,提高银行流动性风险的短期弹性。为了实现这一目标,《巴塞尔协议Ⅲ》要求流动性覆盖率(liquidity coverage ratio, LCR)不低于100%。二是通过激励银行运用稳定的资金来源为业务融资,提高银行流动性风险的长期弹性,为此《巴塞尔协议Ⅲ》要求净稳定资金比率(net stable funding ratio, NSFR)不低于100%(BCBS, 2010a, 2010c)。

从2008年开始,巴塞尔委员会就颁布了《流动性风险管理和监管的稳健原则》,表明稳健原则是流动性风险管理的最佳实践准则。巴塞尔委员会对银行业机构的流动性风险管理稳健性框架提出了一致的要求,旨在建立健全流动性风险管理框架,并将其纳入全面风险框架中,提高金融机构在流动性压力下应对危机的能力。

2010年,巴塞尔委员会颁布了《流动性风险测量的国际框架、标准和检测》,建议引入两个国际统一的定量监管指标:流动性覆盖率和净稳定资金比率。流动性覆盖率指标的修订稿在2013年1月颁布,净稳定资金比率指标的修订稿在2014年10月颁布,表4-7给出了详细的计算公式和标准。流动性覆盖率指标、净稳定资金比率指标的标准统一,使巴塞尔流动性监管规则更加贴合现实金融环境,其可操作性也进一步得到提升。

表4-7 新流动性监管指标

项目	流动性覆盖率(LCR)	净稳定资金比率(NSFR)
计算公式	优质流动性资产储备／未来30天的资金净流出量	可用的稳定资金(ASF)／业务所需的稳定资金(RSF)
最低标准	100%	100%

(续表)

项目	流动性覆盖率(LCR)	净稳定资金比率(NSFR)
监管目标	短期流动性风险的检测	调整期限错配、稳定资金来源
分析基础	现金流量表	资产负债表
作用	保障银行基本的短期流动性	促进银行使用更长期的结构性资金来源,支持资产负债表内、表外风险暴露和资本市场业务活动
目的	通过确保机构拥有足够的优质流动性资源的方式,来提高应对短期流动性风险的能力	让银行使用更长期的结构性资金来源,支持资产负债表内、表外风险暴露和资本市场业务活动
标准引入安排	2015年引入,但只需要达到60%即算合格,此后每年递增10%,到2019年达到100%	2012年进入观察期,在2018年之前达到最低标准

资料来源:根据巴曙松(2015)所撰写的相关论文整理。

第三节 《巴塞尔协议Ⅲ》框架下中国的宏观审慎监管改革

一、《巴塞尔协议Ⅲ》下中国的逆周期资本监管改革

资本监管一直是我国银行业监管的核心,而作为抵御非预期损失工具的资本,也历来是银监会最重要的监管工具之一。国际金融危机之后,银监会采取的措施,加强了逆周期资本监管。

首先,实行资本充足率的逆周期监管。即允许商业银行在商业周期的不同阶段持有不同数量的资本,缓解资本监管的顺周期效应,以保持商业银行的稳健经营。在经济扩张阶段,要求商业银行增加资本金的持有,以应对经济衰退期可能出现的未预期的损失。而在经济衰退阶段,允许商业银行减少资本金的持有,增加贷款投放,以防止过度的信贷紧缩,缓解经济衰退的程度。2008年,银监会要求所有银行提

取2%的留存资本缓冲。2009年,银监会又要求大型商业银行再次增加0.5%的逆周期资本缓冲,以应对经济衰退期可能面临的损失风险和资本困境。

其次,提高资本充足率监管要求,加强资本约束。2009年,银监会结合系统重要性资本附加要求和逆周期管理要求,将我国五家大型银行(即中国工商银行、中国建设银行、中国农业银行、中国银行和交通银行)的最低资本充足率要求提高至11.5%。这一监管要求大大高于以往8%的资本充足率标准,也与2010年推出的《巴塞尔协议Ⅲ》不谋而合。除此之外,银监会在资本监管中加强资本约束,按季监测大型商业银行资本充足率的变动情况。当银行资本充足率跌至监管目标值之下,即下发资本监管预警通知书时,大型银行需要发挥资本对资产扩张的刚性制约作用。

再次,资本监管更加注重资本的质量。根据银监会的规定,大型商业银行核心资本占比在75%以上,在计算资本净额时将银行之间相互持有的次级债扣减。次级债务资本工具不得超过核心资本总额的25%。为了提升次级债券、可转债等附属资本的资本属性,银监会做出专门规定,要在募集说明书上明确在风险加大或紧急状态时,混合资本债券、可转债等强制转为普通股的机制安排。在可转债方面,要在募集说明书中承诺将顺应监管部门的政策要求,把可转债转化为普通股(姜懿格,2021)。

二、《巴塞尔协议Ⅲ》下中国的杠杆率监管改革

随着《巴塞尔协议Ⅲ》的推行,杠杆率监管在中国也有了新的发展方向。2014年11月,中国的银监会开始修订杠杆率监管指标,并公开征求意见。2015年2月,银监会发布了《商业银行杠杆率管理办法》,在原来的基本框架和杠杆率监管的要求下,对调整后的表内外资产的计量方法进行了调整①,并积极吸收了巴塞尔委员会关于杠杆率监管

---

① 调整后的表内外资产体现在杠杆率监管计量的分母部分。

的新框架。

在新的杠杆率管理办法上,也进行了计量方法上的调整。

第一,改变了贸易融资、承兑汇票、保函等表外项目的计量方法。主要调整是将表外项目的计量方法,调整为信用风险权重法下的表外项目信用转换系数计算方法。新的转换系数根据具体项目划分为10%、20%、50%和100%等几个档次,但不能低于10%。

第二,新的杠杆率监管的国际规则,明确了衍生产品和证券融资交易等风险敞口的计量方法。在计算衍生产品资产时,除了《商业银行杠杆率管理办法》所规定的合格保证金外,不允许扣减抵质押品;在计算证券融资交易资产时,需同时考虑证券融资交易的会计资产和交易对手信用风险。

第三,在信息披露要求上,为了更严格地提高透明度,《商业银行杠杆率管理办法》对商业银行的杠杆率披露提出了更为明确和严格的要求。2013年年底,也就是银监会开始推行监管改革的时期,银行业整体加权平均核心一级资本充足率和一级资本充足率约为9.95%,四大行(中国工商银行、中国农业银行、中国银行、中国建设银行)的杠杆率水平约为5.67%。《商业银行杠杆率管理办法》规定,银监会根据《巴塞尔协议Ⅲ》规定银行的各业务平均风险权重应大致为66.7%(杠杆率以及资本充足率的最低要求为4%、6%)。如果不考虑衍生品和回购等计算方法的差异,中国银行业真实的表内外平均风险权重大约是56.98%。较低的平均风险权重,反映出中国银行业仍处于一级资本充足率监管的无效状态。在新的杠杆率框架实施后,证券融资、衍生品等信用风险敞口都被纳入杠杆率监管范畴,杠杆率下滑将更加突出杠杆率在银行资本监管体系中的重要性。银监会等监管部门也将更容易掌控银行业的风险状态,从而调整监管措施。

三、《巴塞尔协议Ⅲ》下中国的流动性风险监管改革

中国银监会一直重视商业银行的流动性风险管理,将流动性监管

置于银行监管指标体系的核心位置。在2008年全球金融危机中出现的大量银行破产事件或经营危机使我国金融监管当局认识到流动性风险监管的重要性,且此后金融监管当局采取了一系列新的措施,加强流动性风险监管。其中,比较典型是在2009年公布实施的《商业银行流动性风险管理指引》,意在指导商业银行的流动性风险管理,并推动对流动性风险的监管。管理具体表现在以下方面。

首先,明确规定了流动性监管的原则、程序和措施。具体包括监管部门应该督促商业银行建立和完善与银行业务特点、规模及复杂程度相适应的流动性风险管理体系;监管部门应该采取以风险为本的监管模式,对商业银行整体流动性状况及流动性风险管理体系进行综合评价;监管部门在必要时可提高商业银行的流动性监管指标要求;监管部门应该与境内相关职能部门及商业银行的东道国或者母国监管当局,建立密切的协调和信息共享的监管合作关系,以提高流动性风险管理的有效性。

其次,对商业银行流动性管理进行了规范。主要是对商业银行流动性风险管理的制度、技术和流程等做出明确的规定,包括流动性风险管理体系是商业银行风险管理体系的重要组成部分,应与自身业务规模、性质和复杂程度等相适应;商业银行应该从持续、前瞻的角度制定流动性风险管理策略、政策和程序,并在综合考虑业务发展、技术更新以及市场变化等因素的基础上及时对流动性风险管理策略、程序和政策等进行评估和修订;商业银行应该制定适当的内部控制制度,以确保流动性风险管理程序的完整和有效;商业银行应该通过流动性压力测试分析银行承受压力事件的能力,并以此为基础,提出流动性危机的处置方案;商业银行应该建立集中度限额管理制度,针对表内外资产负债的品种、币种和期限等进行集中度限额管理;商业银行应该制定紧急融资计划;商业银行应该明确流动性风险管理的方法和技术。

四、《巴塞尔协议Ⅲ》对系统重要性金融机构的监管

在我国，一般将中国工商银行、中国农业银行、中国银行、中国建设银行和交通银行认定为系统重要性金融机构的主体。近年来，中国银监会积极探索大型银行监管的有效做法，不断提高大型银行监管的有效性。

首先，逐步建立起严格的"防火墙"制度，以防范跨业跨界风险。主要的措施包括强调信贷市场和资本市场之间严格的"防火墙"制度，禁止银行为企业发债提供担保；禁止母公司为境内外子公司进行直接股权投资的企业融资；要求大型银行审慎开展资产证券化，严格要求洁净的信贷资产转让等。

其次，大力改善公司治理水平，提高风险管理水平。主要的措施包括对大型银行的董事、高管人员执行严格的准入审查制度，实行"三考三承诺制度"；对董事、高管人员的履职评价应客观中肯；推动大型银行建立薪酬激励约束机制，提高风险指标考核权重；积极引导系统重要性金融机构建立全面风险管理制度，尽力提高风险管理水平。

再次，对系统重要性金融机构实施较高的资本要求。主要包括对大型银行的资本数量提出附加要求，提高大型银行的资本充足率监管标准；严格贯彻对大型银行资本的质量要求，核心资本等指标高于《巴塞尔协议Ⅲ》的资本要求；加强资本约束；督促大型银行建立资本充足规划，为中长期的稳健经营打下良好基础。

最后，加强表外业务监管，开发新的监管指标体系。为防范跨行业风险传播，中国银监会在2008年发布了《银行并表监管指引》，加强了对系统重要性金融机构表外业务的监管。这有效维护了我国金融体系的稳定，有效抵御了2008年全球金融危机对我国金融体系的冲击。此外，为强化对系统重要性金融机构的监管，提高银行业动态监管的有效性，中国银监会大型银行监管部门在2010年提出了"腕骨(CARPALS)监管体系"。CARPALS代表七类大型银行监管的主要

指标体系：C代表资本充足性（capital adequacy）；A代表资产质量（asset quality）；R代表风险集中度（risk concentration）；P代表拨备覆盖情况（provisioning coverage）；A代表附属机构（affiliated institutions）；L代表流动性（liquidity）；S代表案件防控（swindle prevention and control）。通过七大类风险监管指标的动态监管的实施，监管机构可以不断深化对我国商业银行的动态风险监管，提高系统重要性金融机构的经营效率，同时促进我国的金融稳定。

五、《巴塞尔协议Ⅲ》下其他逆周期金融宏观审慎监管改革

动态损失拨备制度是指在经济周期的繁荣阶段，银行财务状况较好时，增加银行的贷款损失拨备，以便弥补经济衰退阶段的损失吸收，达到降低经济波动、弱化经济周期对银行体系影响的效果。我国金融监管部门对银行的损失拨备制度实施"以丰补歉"的指导方针。例如，在2009年信贷激增、经济形势较好、金融机构盈利较好的局面下，我国连续两次提高了贷款损失拨备率，从100%上升到130%，再上升到150%。这种动态损失拨备制度可以较好地吸收经济衰退时期的预期损失。

贷款价值比是贷款与抵押房地产价值的比值，它是金融机构向消费者提供贷款的指标。贷款价值比指标越低，消费者交付的现款越多，金融机构的贷款安全性也越高。反之，消费者交付的现款越少，金融机构的贷款安全性也越低。在我国房地产价格上涨过快、房地产市场泡沫化迹象日益明显的情况下，房地产价格的动荡对银行体系稳定的威胁不断加大。在这种情况下，为了达到宏观审慎监管的目的，我国已经开始实施动态贷款价值比。例如，2007年，在经济过热的情况下，银监会要求商业银行将贷款价值比从70%下调到60%，同时还规定，二套贷款首付比例不得低于40%。2010年4月，出台的国发10号文对房地产贷款采取了更为严格的管控措施，要求商业银行实行差别化的个

人住房贷款政策,并针对不同情况提高住房贷款首付比例和利率水平,严格房地产开发贷款条件,在此基础上还要求商业银行根据风险状况,暂停发放购买第三套及以上住房贷款。

2016年11月28日,上海市进一步收紧房地产调控政策,市政府决定自今日起,将居民家庭购买首套住房申请商业贷款的首付款比例调整为不低于35%。同时对二套房商贷认购标准确定为认房又认贷。除上海外,北京、深圳、南京、苏州、武汉等多地都开始调整贷款价值比的比例,调控的作用也较为显著。

上海市住建委、中国人民银行上海分行、上海银监局联合印发《关于促进本市房地产市场平稳健康有序发展进一步完善差别化住房信贷政策的通知》(简称《通知》),旨在进一步促进上海房地产市场的平稳健康有序发展。其中,包括从严执行商业银行及公积金差别化信贷政策,停止向已有两次公积金贷款记录的职工家庭再行发放贷款等规定。

上海市市场利率定价自律机制,对差别化住房信贷政策做以下要求:自2016年11月29日起,居民家庭购买首套住房(即居民家庭名下在本市无住房且无商业性住房贷款记录、或公积金住房贷款记录的)申请商业性个人住房贷款的,首付款比例不低于35%。在本市已拥有1套住房的、或在本市无住房但有住房贷款记录(包括商业性或公积金住房贷款记录)的居民家庭,在申请商业性个人住房贷款,购买普通自住房时,首付款比例不低于50%;购买非普通自住房时,首付款比例不低于70%。

《通知》要求,各房屋管理部门要加强房屋交易审核工作,认真做好住房信贷房屋信息查询工作。各商业银行应继续强化对首付资金来源、收入证明真实性等的审核,根据借款人家庭信用状况、偿债能力等审慎把握具体执行水平,对于有投资、投机性购房特征的,应从严确定首付款比例和利率。中国人民银行上海分行和上海银监局将加强监督检查。此外,上海银监局已会同国土资源部深入核查了部分土地拍卖的竞得资金来源,对违规进入土地交易市场问题的银行业金融机构采取行政处罚措施。后续还将积极配合相关部门,持续开展土地交易资金来源核查工作。

上海市住房公积金管理委员会印发《关于调整本市住房公积金个人贷款政策的通知》：一是严格执行公积金差别化信贷政策。在区分首套和二套购房的前提下,调高对第二套改善型购房的首付比例至普通商品房的50%和非普通商品房的70%、二套普通商品房贷款利率上浮10%、二套普通商品房个人贷款最高限额下调10万元,并停止向已有两次公积金贷款记录的职工家庭发放贷款。二是体现公积金制度的公平性、可持续和风险可控。借款人以公积金缴存账户余额确定贷款额度的倍数从40倍下降到30倍;严格执行住房和城乡建设部还款能力的计算比例调减为,每月还本额占工资基数不超过40%,以及调整第二套改善型住房的认定标准。

经国务院批准,中国人民银行2004年开始采用差别准备金手段,对提升金融调控的针对性和有效性、加强流动性管理、调节货币信贷增长等方面发挥了积极的作用。差别准备金手段,既是流动性管理的手段,也是体现逆周期调整要求的宏观审慎性工具。差别准备金动态调整方案是宏观审慎管理和流动性管理的结合,是对已有差别准备金工具的补充和完善。它为银行提供了一种能够根据资本水平进行自我把握信贷的做法、自我约束的弹性机制。差别准备金动态调整方案基于社会融资总量、银行信贷投放与社会经济主要发展目标的偏离程度而实施,也兼顾金融机构的系统重要性、各机构的稳健状况以及执行国家信贷政策情况等。差别准备金动态调整方案具有宏观审慎监管工具的两个主要特征,即信贷投放偏快时上调、对系统重要性机构更为严格。

第五章 经济转型中的资产价格波动、系统性风险与宏观审慎监管

第一节 模型构建的基本传统和思路

一、资产价格波动、金融摩擦与金融加速器模型

宏观审慎政策在金融周期模型中的出现,始于人们对金融摩擦的关注。通过金融摩擦将宏观审慎政策引入到模型,是一种常见的方法。金融摩擦是指由于信息不对称,金融市场的供求双方在资金筹集、分配和流通中会对风险与收益进行权衡,使资金流动产生了不一样的传导机制。金融摩擦会影响到微观效率,也会导致宏观经济的波动。Bernanke、Gertler 和 Gilchrist(1999)提出的金融加速器模型,在金融分析中得到了非常广泛的运用[①]。

金融加速器模型认为,企业投资回报是私有信息,银行需要付出一定的监督成本才能得到。当银行和企业达成最优合同时,企业外部融资溢价和企业净值之间会呈现负向关系。企业外部融资溢价是企业外部融资成本与内部融资机会成本之差。企业净值是企业可用于清偿的流动资产和抵押资产之和。企业的资产负债表,会直接影响到银行放贷给企业的决定。当一个企业遭受到外生的正向冲击时,企业

---

① 参见 Bernanke、Gertler、Gilchrist(1999)的阐述。

净值会增加,外部融资溢价降低,社会总投资、消费和产出水平则进一步增长。外生冲击会通过信贷市场扩大对经济的冲击效应,这种冲击效应就是金融加速器效应。当企业受到负向的外部冲击时,企业净值就会减少,外部融资溢价就会上升,社会总投资、消费和产出水平进一步下降。负向的外生冲击,在经济下行时通过金融加速器会产生很强的负向作用。

但是,金融加速器模型着重考虑金融市场中资金需求方的金融摩擦,并没有考虑资金供给方的金融摩擦[①]。Gertler(2011)建立了一个新的 DSGE 框架,将银行体系纳入均衡模型。银行作为金融中介,需要从储户和金融市场筹集资金。由于信息不对称,银行筹集资金的能力和净值相关。当银行遭受一个负向的外生冲击时,银行就需要大量计提减值准备,其资产负债表会恶化,从而降低银行的资本充足率,进而银行就会收紧信贷。信贷紧缩又会对房地产、股票等资产价格产生巨大的下行压力,造成资产价格的下降。而资产价格的下降又会进一步恶化家庭和企业的资产负债表状况,通过金融加速器效应,负向冲击效应得以扩大。

本书对现有的含金融摩擦 DSGE 模型的核心方程进行相应修改,以适合宏观审慎政策分析。因此,宏观审慎政策的理论模型本质上是含金融摩擦 DSGE 模型的一个政策应用。金融摩擦主要包含两大类:信贷需求摩擦和信贷供给摩擦。其中,信贷需求摩擦主要关注借款者的资产负债表,信贷供给摩擦则主要关注商业银行等金融机构的资产负债表。

信贷需求摩擦模型分为 KM 模型(Kiyotaki、Moore,1997)与 BGG 模型(Bernanke,1999)。KM 模型主要将借款者的贷款可得性与其抵押品资产(一般为房屋)价值相联系,且贷款数量依赖于贷款价值

---

① 资金需求方的摩擦主要是指企业、家庭等部门有资金需求时产生的摩擦,资金供给方摩擦主要指金融中介机构存在的金融摩擦。

比数值(LTV)。因此,研究信贷类宏观审慎政策工具有效性的文献一般以 KM 模型为基础,进而以 LTV 参数"时变化"作为政策工具,且将 LTV 政策工具钉住金融稳定目标。如 Gelain(2011)、王爱俭和王璟怡(2014)分别将 LTV 政策工具钉住信贷、房价等目标。LTV 政策工具经常与其他政策工具一起出现在宏观审慎政策理论文献中。与 KM 模型主要关注贷款数量不同的是,BGG 模型主要关注贷款利率,且认为借款者获取资金的成本与其杠杆正相关(BGG 借贷约束)。Unsal(2011)利用 BGG 模型分析资本流动情形下宏观审慎政策的有效性。在 BGG 借贷约束中,Unsal(2011)引入监管溢价政策工具,并将其钉住总信贷。在中国的金融监管中,宏观审慎政策也已经逐步地被采纳和运用。在房地产信贷市场,对住房按揭贷款实施差别首付比例,这是贷款价值的较早运用。

二、引入宏观审慎政策模型的基本框架

模型主要包含家庭、企业、商业银行、零售商、房地产部门和中央银行等几个部门。家庭提供劳动力,从企业获得工资,分享零售商利润,可以向银行获取贷款,但需要以房地产等固定资产作为抵押,多余的资金部分用于储蓄。企业使用其自由资金、银行贷款,雇佣劳动力进行生产。银行按照货币政策和宏观审慎政策要求,从家庭吸收储蓄存款,并以一定的风险溢价将资金贷放给企业和家庭。零售商向企业购买产品,生产差异化的最终消费品,并以一定的加成率进行出售。中央银行制定货币政策和宏观审慎政策,为商业银行提供相关指导。一般均衡模型构建的基本框架,如图 5-1 所示。

本书的模型主要是遵循 Iacoviello(2010)和 Iacoviello(2005)的设计。其中,Iacoviello(2010)拓展了 Iacoviello(2005)的模型,将家庭细分为耐心型家庭和非耐心型家庭,国内文献基本按照 Iacoviello(2010)提出的两种方法开展。本书的模型也按照 Iacoviello(2008)和 Iacoviello(2005)的思路展开,在国内参数等问题的分析上按照卜林

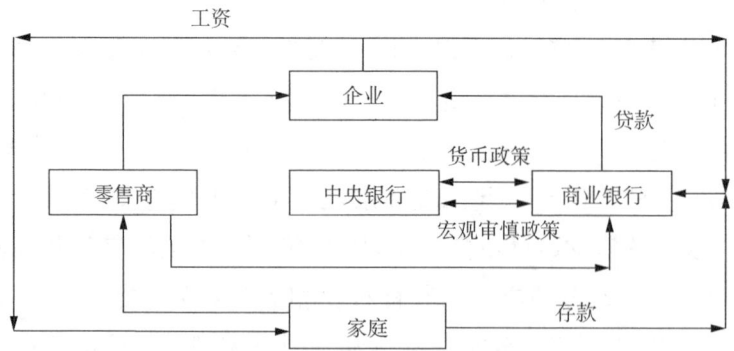

图 5-1 一般均衡模型构建的基本框架

(2015)、冯涛(2014)、王云清(2013)、刘仁伍(2012)、高然和龚六堂(2017)等文献进行选择。在未来的框架拓展中,我们可以拓展 Iacoviello(2010)的设置思路,例如在资本利用率、消费偏好、投资动机上,可以对中国的情况进行细化分析。国内很多学者也在这方面进行了很多尝试和努力,李伟航和许玲(2018)、潘敏和周闯(2019)、李建强(2020)等在宏观经济分析的微观参数设置上进行了针对中国数据的差异性研究,这也是本书后续拓展研究的一个努力方向。

三、引入宏观审慎政策的方法选择

根据前文的分析,逆周期的宏观审慎政策可以多方面减少顺周期性的积累。前面的 BGG 金融加速器模型主要考虑货币政策的作用。引入宏观审慎政策到模型的方法也有多种。

(一) 金融摩擦、抵押资产价格与宏观审慎政策

通过金融摩擦,将宏观审慎政策引入模型是一种常见的方法。

通过银行信贷过程中的抵押要求将宏观审慎政策引入模型。为了规避风险,银行一般通过设定抵押品最低折扣率或者贷款最高比例来衡量贷款额度。由于资产价格会发生波动,抵押价值也会产生波动。尤其在经济下行阶段,或者有资产价格泡沫破灭时期,银行可能面临

更大的系统性风险,因而宏观审慎政策也获得越来越多的使用。

Kiyotaki 和 Moore(1997)在信用周期的研究中,提出将贷款价值比纳入模型,建立信贷约束的思想。他们提出的信用周期模型认为,银行一般不能提前终止贷款合同,所以银行面临着事后信息不对称问题,也就是道德风险问题。因此,银行在发放贷款时就会对借款人有抵押资产的要求。模型假设有一类高杠杆率的企业,其贷款已经达到抵押上限,也就是达到贷款价值比的极限。

$$(1+r_t)B_t = R_tB_t \leqslant mE_t(q_{t+1}H_t) \quad (5-1)$$

其中,R_tB_t 是银行贷款本息和,q_{t+1} 是 $t+1$ 期的抵押资产价格,H_t 为抵押资产数量,m 是贷款价值比。m 值的设置越大,家庭或企业从银行获得贷款的能力越强;m 值的设置越小,家庭或企业从银行获得贷款的能力越弱。

一旦企业遭受外生冲击,例如金融危机,企业净值就会减少。但是,由于受到信贷条件约束,企业无法扩大融资,从而只能削减投资。投资减少又会影响到下一期的收入,使企业下一期的净值继续减少,企业进一步削减投资。

企业在削减投资的同时,对资本品的需求也会相应下降,资产价格也随之下降。资产价格的下降,会导致企业信贷的紧缩,企业投资进一步削减,从而形成了一种负向反馈机制,经济的外生冲击力越来越大。

Kiyotaki 和 Moore(1997)在抵押信用周期的基础上进一步研究了外部冲击通过资产负债表的传导机制①。研究认为,供应链会将企业的资产负债表关联起来,由于信贷约束的存在,初始环节的流动性困难会使债务延期,从而导致一系列的产出中断或产出损失。经济体系

---

① 关于信用周期通过资产负债表的传导机制可以详细参考 Kiyotaki N., Moore, J., "Evil Is the Root of All Money", American Economic Review, American Economic Association 92(2), 2002.

中,信用链的长度和信用杠杆的大小,决定了负向外部冲击对经济体系总福利的影响。

(二) 杠杆率要求与宏观审慎政策

宏观审慎监管政策的使用,可以防止过高杠杆率的产生。杠杆率工具包括上调最低资本要求、资本缓冲要求、前瞻性的贷款损失拨备等。这种方法是从银行目标函数最大化的要求出发,把杠杆率纳入银行贷款的供给函数。Gerali(2010)设计了一个杠杆率要求基础上的宏观审慎政策,为了使利润最大化,银行的有关业务需要满足以下函数:

$$\max_{\{B_t, D_t\}} R_t^b B_t - R_t^d D_t - r_t M_t - \frac{k_{kb}}{2}\left(\frac{K_t^b}{B_t} - v^b\right)^2 K_t^b \qquad (5-2)$$

满足 $B_t = D_t + M_t + K_t^b$。其中,B_t 是银行资产,在数量上等于储户的存款 D_t、银行间市场拆入资金 M_t 和自由资本 K_t^b 的总和。R_t 是银行的资产收益率,R_t^d 是存款利率,r_t 是银行间市场拆借利率,$\frac{K_t^b}{B_t}$ 是不考虑风险权重的资本充足率,v^b 是金融监管当局设置的资本充足率要求。无论银行的资本充足率受到正向冲击还是受到负向冲击而偏离监管要求,都将增加银行的成本。如果银行的资本充足率负向偏离监管要求,那么就会面临监管部门处罚,导致成本的上升。如果银行资本充足率正向偏离监管要求,那么银行资金将面临机会成本的损失。偏离程度越大,银行成本也相应地越高。其一阶条件为:

$$R_t^b = r_t - k_{kb}\left(\frac{K_t^b}{B_t} - v^b\right)\left(\frac{K_t^b}{B_t}\right)^2 \qquad (5-3)$$

根据一阶条件,如果监管部门提高资本充足率要求,银行的资产收益率与市场利率之间的利率将减小,从而减弱银行的放贷动机,银行的贷款供给也会减少。相反,如果监管部门降低资本充足率要求,银行将更有放贷动力,增加贷款供给。

(三) 流动性风险与宏观审慎政策

宏观审慎政策的实施,对于流动性风险有很多内在的要求。一般通过限制对批发融资的依赖,或者经济上行阶段期限的错配来保持金融机构的流动性。刘斌(2005)等从银行流动性管理的角度出发,将差别存款准备金率纳入模型。银行资产负债结构可以用如下的式子表示:

$$RR_t + ER_t + S_t + B_t = D_t + T_t + F_t \qquad (5-4)$$

其中,D_t 是活期存款,包括居民活期存款 D_t^h 和企业活期存款 D_t^f,T_t 是居民的定期存款,F_t 是银行的拆借资金,RR_t 是法定存款准备金。RR_t 的计算公式如下:

$$RR_t = \tau_{t+1}(D_t + T_t) \qquad (5-5)$$

τ_{t+1} 是存款准备金率。由于银行需要考虑资产负债的期限匹配结构,因此企业活期存款 D_t^f 的计算公式如下:

$$D_t^f = S_t, \ T_t = B_t \qquad (5-6)$$

超额准备金 ER_t 的计算公式如下:

$$ER_t = F_t + (1 - \tau_{t+1})D_t^h - \tau_{t+1}(S_t + B_t) \qquad (5-7)$$

银行的流动性管理目标函数为:

$$\max_{\{S_t, D_t^h, F_t\}} R_t^b S_t - R_t^a D_t^h - R_t^b F_t + R^m (RR_t + ER_t) \qquad (5-8)$$

满足 $D_t = h(ER_t) = x_t^b (ER_t)^{1-\eta}$。其中,$R_t$ 为企业短期贷款和获取存款利率的利差,R_t^a 为活期存款的利率,R_t^b 为同业拆借利率,R^m 为准备金利率,x_t^b 反映银行使用超额准备金的能力,$1 - \eta$ 是活期存款关于超额准备金的弹性。其一阶条件为:

$$R_t^a = \frac{(1 - \tau_{t+1})h'(ER_t)}{\tau_{t+1} h'(ER_t) + 1} R_t \qquad (5-9)$$

$$R_t^b = \frac{h'(ER_t)}{\tau_{t+1} h'(ER_t) + 1} R_t \qquad (5\text{-}10)$$

从一阶条件来看,差额存款准备金政策可以通过改变短期存款利率的利差与活期存款利率(同业拆借利率)之间的关系,来调整银行的资产负债结构,从而抑制银行的顺周期性风险。

(四) 贷款价值比工具的选择

中国实施宏观审慎政策也经历了一个积累的过程。不同类型的宏观审慎政策工具,也都得到了不同程度的实践。信贷类的宏观审慎政策工具,实行相对较多,其效用也值得考察。信贷类宏观审慎政策工具以 LTV 为主,资本类宏观审慎政策工具以逆周期资本充足率要求为主,流动类政策工具则以商业银行存贷比为主。在房地产市场,贷款价值比政策工具应用比较常见。LTV 工具已经被成功运用了多次,甚至各个城市都规定了自己的 LTV 比例。我们在模型中、商业银行的所运用的宏观审慎政策工具上,通过对 LTV 比例的限制来考虑相关内容。杠杆率比率、流动性比率等指标,在后续的研究中可加以考虑,这对于全面考察宏观审慎政策是非常有利的。贷款价值比工具的传导过程,如图 5-2 所示。

对于房地产投资者来讲,一个较低的贷款价值比上限意味着更大的资本投入和较小的资本回报。这使得投机意愿降低,房地产泡沫得到抑制。银行设置了一个更高的贷款门槛,一些高风险的债务人将被排除在放贷门槛之外。通过调整 LTV 监管要求,政府释放出的调控房地产行业信号会起到公告作用,从而抑制房地产行业的过度投资。

一些研究发现,单纯靠货币政策来调节房地产市场,使其保持平稳是难以做到的。因为货币政策着重于总量调控,而总量调控往往是全局性的影响。新西兰房地产市场就是一个典型的案例。2008 年前后,新西兰房地产价格迅速上涨,新西兰中央银行为了调控房价过快

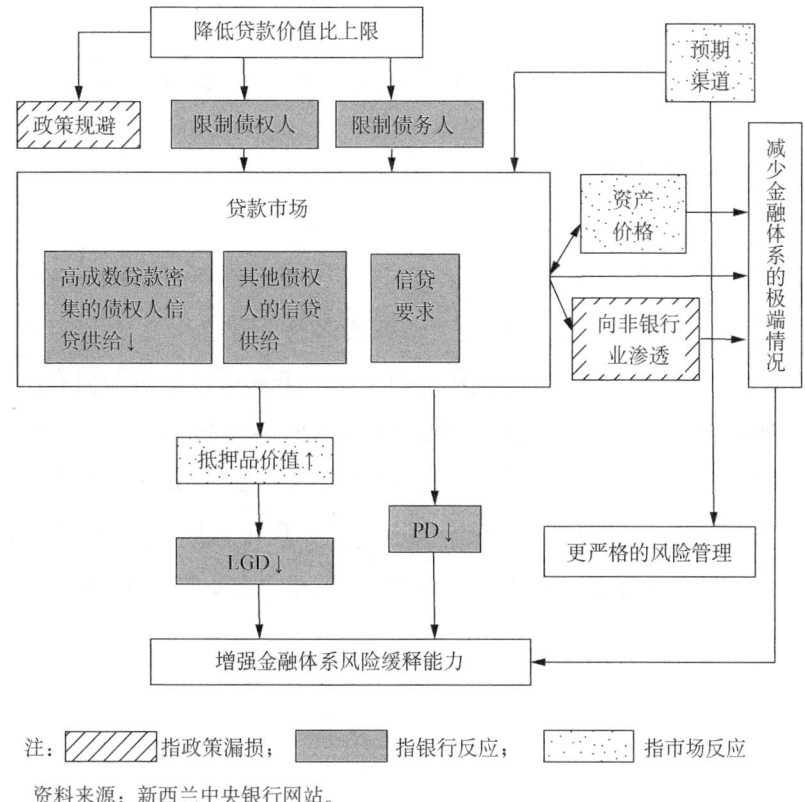

图 5-2 贷款价值比(LTV)工具的传导过程

上涨,上调了基准利率。但是,利率的上升却带来本地货币升值,从而导致其他经济领域的衰退。另一个案例是欧元区。欧元区的基准利率是由欧洲中央银行统一制定的,但欧元区不同国家的房价走势并不一致,甚至相反,因而货币政策的实施无从下手。德国等一些国家的房价呈现上涨趋势,而西班牙等一些国家的房价却呈现下跌趋势,这时针对房地产市场价格调控的宏观审慎政策工具就会有更大的发挥空间,而且比货币政策更加精准,副作用也相对更小。贷款价值比工具调整,可以让商业银行在信贷投放中有一个选择空间,从总额调整转化为结构调整,从而更有针对性地抑制系统性风险的累积。

第二节 一般均衡模型的部门描述与分析

一、模型的结构

(一) 家庭

按照传统的家庭效用分析方式,假设经济中存在一个无限期的代表性家庭 i,在[0,1]区间上服从均匀分布。家庭通过消费和拥有房地产而获得效用享受,其提供的劳动分布在商品市场和房地产市场。Iacoviello(2005,2010)和卜林(2015)把家庭分为耐心型家庭和非耐心家庭,虽然分析的效果较为相似,但更多地体现了异质性家庭的状况。我们在后续的研究中也将进一步拓展①。这里,家庭的效用函数为:

$$\sum_{t=0}^{\infty}\beta^t E_0 U(c_t^i, h_t^i, n_{c,t}^i, n_{h,t}^i) \qquad (5-11)$$

$$U_t = U(c_t^i, h_t^i, n_{c,t}^i, n_{h,t}^i)$$
$$= \log(c_t - \varepsilon c_{t-1}) + j_t \log h_t^i - \frac{\tau_t}{1+\eta}\left[(n_{ct}^t)^{1+\xi} + (n_{ht}^t)^{1+\xi}\right]^{\frac{1+\eta}{1+\xi}} \qquad (5-12)$$

其中,β^t 为家庭贴现因子,c_t^i 表示代表性家庭在第 t 期的消费水平,h_t^i 表示代表性家庭在第 t 期拥有的住房,$n_{c,t}^i$ 表示家庭提供给商业部门的劳动供给,$n_{h,t}^i$ 表示家庭提供给房地产部门的劳动供给。家庭的劳动供给按照 CES 函数进行设定,劳动供给弹性是 η,劳动在商品部门和房地产部门分配,其偏好设定为 ξ,由两个部门之间的份额比例决定。ε 为消费习惯形成因子②,j_t 表示房地产需求偏好冲击,τ_t 表示

---

① 可以参考 Iacoviello(2005,2010),卜林(2015)等人对异质性家庭的考察。
② McCallum 和 Nelson(1999)、Fuhrer(2000)、CEE(2005)、SW(2003,2007)等人的研究已经把消费习惯当作一个很重要的影响因素。

劳动供给冲击。我们假设各种冲击均服从一阶自回归的 $AR(1)$ 过程，方式如下所示。

$$\ln j_t = (1-v_j)\ln j_0 + v_j \ln j_{t-1} + u_{j,t}, \quad u_{j,t} \sim N(0,\sigma_j) \quad (5-13)$$

$$\ln \tau_t = \zeta_j \ln \tau_{t-1} + u_{\tau,t}, \quad u_{\tau,t} \sim N(0,\sigma_j) \quad (5-14)$$

以上是家庭从消费和住房中获得的效用,可描述商品部门和房地产部门提供的劳动力。同时,家庭会面临一个预算约束。借鉴 Iacoviello(2010)和王云清(2013)等人的设置方法,预算约束为：

$$c_t + q_t h_t^i + \frac{R_{t-1} b_{t-1}^i}{\pi_t} + p_{l,t} l_t^i + IK_{c,t}^i + IK_{h,t}^i + \alpha(z_{c,t}^i) k_{c,t-1}^i$$
$$+ \alpha(z_{h,t}^i) k_{h,t-1}^i = w_{c,t}^i n_{c,t}^i + w_{h,t}^i n_{h,t}^i + q_t h_{t-1}^i + b_t^i$$
$$+ (p_{l,t} + R_{l,t}) l_{t-1}^i + r_{c,t}^k z_{c,t}^i k_{c,t-1}^i + r_{h,t}^k z_{h,t}^i k_{h,t-1}^i + Div_t + T_t$$
$$(5-15)$$

其中,h_t^i 为家庭在第 t 期拥有的房地产数量,q_t 为房地产的实际价格,家庭借款为 b_t^i[①],名义利率为 R_t,通货膨胀率为 π_t,土地数量为 l_t,土地的实际价格为 $p_{l,t}$,土地的实际租金为 $R_{l,t}$,商业部门的投资为 $IK_{c,t}$,房地产部门的投资为 $IK_{h,t}$。投资并不能被完全利用,资本利用率为 $z_{l,t}^i(l=c,h)$。家庭的投资是具有调整成本的,遵循一般的动态资本积累方程：

$$k_{l,t}^i = (1-\delta)k_{l,t-1}^i + [1-S\frac{IK_{l,t}^i}{IK_{l,t-1}^I}]IK_{l,t}^i \quad (5-16)$$

其中,$l=c,h$。

在模型的设定中,我们考虑价格黏性和工资黏性,并遵循 Calvo(1983)的定价机制[②]。在每一期中,只有部分家庭可以调整工资。其他则参照上一期的水平,或者按照某个固定的增长率加成。工资的动

---

① 如果 b_t^i 数值为负,说明家庭有盈余的存款资金。
② 工资黏性和价格黏性的具体描述和推导可以参考 Calvo(1983)、Taylor(1981)、Sbordone(2001)、Huang(2005)等文献,工资黏性、价格黏性和信息黏性的设置具有多种方法,国内主要按照 Calvo(1983)所述的机制开展。

态设定为:

$$W_{l,t} = [(1-\theta_w^l)(W_{l,t})^{-\frac{1}{X_{w,t}^l}} + \theta_w^l((\pi_{t-1})^{\gamma_w}W_{l,t})^{-\frac{1}{X_{w,t}^l}}]^{X_{w,t}^l} \tag{5-17}$$

其中,$l=c,h$,$X_{w,t}^l$ 是定价加成率。

对于不能进行工资优化调整的家庭,其工资按照价格指数模式进行调整,满足:

$$\frac{W_{l,t}^i}{W_{l,t-1}^i} = \pi_{t-1}^{\gamma_w} \tag{5-18}$$

(二) 企业

在模型中,产品的生产经过两个层次。第一个层次是中间产品的生产,我们假设这个阶段是一个自由竞争的生产市场,在完全竞争的状态下实行产品定价。第二个层次是最终产品生产,这个工作由零售商来完成。这个市场不被设定为自由竞争市场,而是被设定为垄断竞争市场,零售商提供差异性的最终产品,在产品价格上可以加成定价。我们这里的企业部分先讨论中间产品的生产。按照一般的设定,企业的生产函数可以设定为 Cobb-Douglas 函数。企业的生产函数为:

$$Y_t = A_{c,t}(z_{c,t}k_{c,t-1})^{u_c}(h_{t-1}^E)^{v_c}(n_{c,t})^{1-u_c-v_c} \tag{5-19}$$

$A_{c,t}$ 表示技术进步,服从 $AR(1)$ 分布,括号中的三项分别表示资本的实际投入量、生产所需的地产要素、劳动的实际投入量。

(三) 零售商

零售商生产最终产品,而最终产品市场是垄断竞争的。假设不同产品间有替代弹性,则市场对最终产品的需求可以表示为:

$$y_t(i) = \left[\frac{P_t(i)}{P_t}\right]^{-\lambda_{p,t}} Y_t \tag{5-20}$$

这里 Y_t 是最终产品的产出水平,$p_t(i)$ 是第 i 种最终产品的价格,

其对应的价格指数为 P_t。根据最终产品动态加以调整,我们可以得到价格黏性。零售商的最优定价可表述为:

$$\max E_t \sum_{s=0}^{\infty} (\beta\theta_p)^s v_{t+s} \left[\frac{P_t^* X_{t,s}}{P_{t+s}} - \frac{P_{t+s}^w}{P_{t+s}} \right] y_{t+s}(i) \quad (5-21)$$

其中,P_t^* 为最优定价,$X_{t,s}\left(\dfrac{P_{t+s-1}}{P_{t-1}}\right)$ 表示价格变化率,v_{t+s} 是随机贴现因子。

(四) 商业银行

考虑到与资产价格波动关系密切的审慎工具主要是贷款价值比,我们参考 Iacoviello(2010) 等人提出的设置原理来践行宏观审慎政策。贷款价值比是一个非常重要的宏观审慎政策指标,其在许多国家得到了运用。尤其是在房地产价格等行业调控上,其应用价值日益明显。

房地产行业是一个非常特殊的行业,与金融体系有极高的关联性,对一个国家或地区的系统性风险影响显著。防范房地产行业可能引致的系统性风险,是宏观审慎监管的一个重要任务。对中国这样房地产市场非常火热的国家来讲,防范房地产市场所带来的系统性风险,防范资产价格泡沫,将有助于整个金融体系的稳定。作为一种宏观审慎政策工具,贷款价值比工具已经被很多国家运用于房地产信贷风险的管理。贷款价值比工具的传导机制,可以通过两种渠道来发挥:一种是商业银行信贷限制渠道,另一种是预期渠道。贷款价值比上限的设置,有助于限制房地产抵押贷款的过度发放。这也是很多国家和地区面临的问题,对当前中国的房地产信贷市场来讲,具有非常好的参考意义。

我们在模型中对贷款价值比工具的限制主要体现在商业银行的抵押信贷上。企业要向商业银行贷款,需要有一个抵押品。在中国市场上,通常通过房地产等不动产来进行抵押。通过抵押,企业可以获得

银行的贷款,贷款的上限就是 LTV 的限制值。按照 LTV 的设置,企业可以获取的贷款上限用公式可表示为:

$$b_t \leqslant \frac{mq_{t+1}h_{t+1}\pi_{t+1}}{R_t} \tag{5-22}$$

企业能够获得的贷款数量依赖于其抵押品的价值。如果资产价格上涨,抵押品价值上升,则企业可以获得更高的信贷额度;如果资产价格下跌,抵押品价值下降,则企业的信贷额度也相应下降。这种资产价格、抵押品价值与信贷之间的关系常被称为抵押品效应。

这时企业的预算约束变为:

$$\frac{Y_t}{M} + b_t = c_t + q_t(h_t - h_{t-1}) + \frac{R_{t-1}b_{t-1}}{\pi_t} + w_{c,t}n_{c,t} + r^k_{c,t}z^k_{c,t}k_{c,t-1} \tag{5-23}$$

其中,M 为企业加成率。

(五)房地产部门

房地产部门的生产和普通商品的生产是对应的,我们假定也遵循 C-D 函数的形式:

$$IH_t = A_{h,t}(z_{h,t}k_{h,t-1})^{u_h}(l_{t-1})^{u_l}(n_{h,t})^{u_n} \tag{5-24}$$

其中,IH_t 表示房地产部门的产量;$A_{h,t}$ 表示房地产部门的生产技术,服从 AR(1) 分布;l_{t-1} 表示运用于房地产部门的土地要素,根据 Iacoviello(2010)的研究,土地要素可标准化为 1。$n_{h,t}$ 表示投入房地产部门的劳动。u_h、u_l、u_n 是资本、土地和劳动力要素分配的份额比例,满足以下条件:

$$u_h + u_l + u_n = 1 \tag{5-25}$$

(六)中央银行

中央银行主要是货币政策的制定者和实施者,宏观审视政策当然也是由中央银行制定的。该部分的讨论已在商业银行有论及。根据 Iacoviello(2010),我们按照泰勒规则将中央银行的货币政策公式化：

$$R_t = R_{t-1}^{r_R}\left[\pi_t^{r_\pi}\left(\frac{GDP_t}{GDP_{t-1}}\right)^{r_Y}\right]^{1-r_R} \overline{rr}^{1-r_R} \frac{e_{Rt}}{A_{St}} \quad (5-26)$$

中央银行在制定政策时,需要综合考虑利率冲击因素、GDP 增长因素、通货膨胀转移因素等。通过泰勒规则,中央银行根据经济金融形势的变动来采取相应的政策。

二、模型的均衡

在模型的均衡中,产品市场需要出清,房地产市场也需要出清,贷款的货币市场也需要出清。

$$GDP_t = Y_t + q_t IH_t + IK_t \quad (5-27)$$

$$IH_t = H_t - (1-\delta_h)H_{t-1} \quad (5-28)$$

家庭、企业、零售商在市场出清的过程中,追求各自利润的最大化,从而可以得到各自的一阶条件。

第三节 参数校准、估计与运行结果分析

一、数据说明、参数校准与贝叶斯估计

本书所选择的数据库主要是 Wind 数据库和国家统计局相关数据库。根据数据的可获得性和完整性,我们选择的数据时间范围是 1999~2019 年。中国的货币化住房改革正好从 1998 年开始,1998 年以前的房地产市场虽然也存在波动,但是市场化之下的模型分析比较适当,因此分析数据与模型匹配。对于内生变量稳态值相关参数采用校准法赋值,对于贴现率等常用的参数则借鉴已有的研究来分析。

据模型进行分析的数据包括产出、消费、通货膨胀率、房地产实际

价格、房地产投资、利率等。对于产出数据,我们首先进行了对数化处理,减少异方差,然后采用 Census X12 方法进行了季节性调整,再以 HP 滤波和 BP 滤波进行分析。HP 滤波和 BP 滤波得到的结果非常相似,但是 BP 滤波在数据估计上会有损失。由于样本数量相对还不多,所以我们采用 HP 滤波法,对其周期数据进行分析①。我们剔除了价格变动因素后,对消费进行了相似的操作。对于通货膨胀率,则推算出了季度的数据。对于房地产实际价格,我们用房地产业的商品房销售额除以商品房销售面积,然后剔除通货膨胀因素,再进行对数化和季节性调整。房地产投资采用 Wind 数据库中的房地产投资数据,并对其进行相似处理。利率数据以 7 天回购利率的加权平均值进行计算。由于回购利率数据的频率是日数据,因此我们综合一个季度的数据,然后进行加权平均计算。在实际运行中,数据与模型拟合良好。我们采用的数据整理工具是 Excel、Eviews 和 Stata。

表 5-1 模型部分参数的赋值

β	δ	δ_h	u_c	u_h
0.996	0.025	0.01	0.4	0.1
$LTV(m)$	j	λ_w^c	λ_w^h	M
0.563	0.019 4	0.5	0.5	1.1

对于动态参数的估计,Bayes 方法和 SVAR 方法是比较常用的。由于信息度相对有限,Bayes 方法在估计上具有较好的优势。我们将已有研究的先验分别信息输入到结构方程再进行估计。模型的估计是基于 Matlab2012 环境,采用中间件 Dynare 软件辅助完成。表 5-2 显示了估计的参数信息,根据以往的研究,先验分布给出了主要参数的先验均值和后验均值,并且给出了对应的置信区间。贝叶斯概率估计通过 MCMC 算法和 Metropolis-Hastings 算法抽样估计获得。

---

① 对于 HP 滤波和 BP 滤波的分析,与第三章的实证分析是一致的。

表 5-2　Bayes 参数估计的结果

项目	先验均值	后验均值	置信区间(90%)	先验分布	方差
η	0.500	0.434 0	[0.429 8, 0.437 8]	gamma	0.100 0
ξ	1.000	0.926 9	[0.924 9, 0.928 7]	norm	0.100 0
ξ_w^c	0.750	0.736 2	[0.733 6, 0.739 8]	beta	0.075 0
ξ_w^h	0.750	0.787 6	[0.784 2, 0.789 7]	beta	0.075 0
γ_w	0.500	0.491 2	[0.490 6, 0.492 3]	beta	0.050 0
γ_p	0.500	0.469 7	[0.468 5, 0.470 8]	beta	0.050 0
ε	0.600	0.619 2	[0.617 3, 0.621 4]	beta	0.075 0
σ_a	0.200	0.245 4	[0.242 1, 0.248 5]	norm	0.075 0
ρ_R	0.750	0.779 3	[0.777 9, 0.781 0]	beta	0.100 0
ρ_π	2.600	2.636 3	[2.634 5, 2.639 1]	norm	0.100 0
ρ_y	0.600	0.582 1	[0.579 2, 0.584 6]	norm	0.100 0
ρ_{e_R}	0.500	0.521 8	[0.519 9, 0.524 5]	beta	0.100 0
ρ_τ	0.700	0.836 3	[0.831 7, 0.842 1]	beta	0.100 0
ρ_j	0.850	0.892 1	[0.890 0, 0.894 2]	beta	0.100 0
ρ_S	0.975	0.990 6	[0.988 8, 0.993 7]	beta	0.100 0
ρ_{Ac}	0.800	0.827 0	[0.824 6, 0.828 9]	beta	0.100 0
ρ_{Ah}	0.800	0.808 1	[0.805 7, 0.810 2]	beta	0.100 0
ρ_G	0.800	0.766 7	[0.765 2, 0.767 9]	beta	0.100 0

二、数值模拟结果分析

(一) 经济变量之间的相关关系

由表 5-3 可知,房地产实际价格、房地产投资、实体经济和通货膨胀等变量之间具有较强的相关性,一般呈现出正相关的关系。房地产实际价格和房地产投资之间的系数为-0.036,呈现出负相关关系。房地产市场的消费偏好,经济增长率等变量与房地产实际价格之间存在较强的正相关关系,说明经济增长对于房地产价格具有较好的带动作用,而经济下行对房地产价格具有稀释作用。

而人们对房地产的消费偏好程度,将对房价有非常直接的影响。这也说明在刚需较多的城市,房价依然具有上涨动力;而在刚需较少的城市,房价具有下行压力。三、四线城市的去库存可能并不是一件简单的事情,在经济下行的阶段,尤其困难。而在部分一、二线城市,仍然需要提防房地产价格过快上涨,需要有一个适当平缓而稳定的政策。

房地产投资和消费呈现出负相关关系,这说明人们在购买房地产等资产时,降低了自身的消费水平。由于房地产价格的高企,人们增加房地产行业的投资,必然要牺牲一部分的消费。从长期来看,集中在房地产行业的运作影响到了消费,并未提高人们的生活水平。

表 5-3 经济变量之间的相关系数

Variable	q	IH	GDP	c	ce	pi	nc	nh
q	1.000 0	−0.036 0	0.288 2	0.542 4	0.771 3	0.055 0	0.233 4	0.038 8
IH	−0.036 0	1.000 0	0.683 1	−0.071 2	0.142 7	0.174 6	−0.004 1	0.990 9
GDP	0.288 2	0.683 1	1.000 0	0.522 0	0.321 7	0.437 4	0.608 3	0.719 6
c	0.542 4	−0.071 2	0.522 0	1.000 0	0.323 1	0.546 6	0.641 1	0.003 4
ce	0.771 3	0.142 7	0.321 7	0.323 1	1.000 0	0.106 8	0.204 8	0.204 9
pi	0.055 0	0.174 6	0.437 4	0.546 6	0.106 8	1.000 0	0.573 4	0.198 5
nc	0.233 4	−0.004 1	0.608 3	0.641 1	0.204 8	0.573 4	1.000 0	0.049 0
nh	0.038 8	0.990 9	0.719 6	0.003 4	0.204 9	0.198 5	0.049 0	1.000 0

(二) 脉冲相应分析

图 5-3 至图 5-10 给出了脉冲相应图。由图 5-3 可知,当经济受到房地产需求偏好冲击时,房地产价格会上涨,但在五期以后会出现回落。因此,一些房地产刚需的出现,实际上只能在短期内带动房地产价格的上涨,而并不能使房价长期、持续上涨。房地产投资与房地产实际

价格的变动是较为相似的。消费水平会出现较为明显的下降,而物价水平则有所上升。劳动供给更多地转移到房地产市场,而商品市场的劳动供给相应减少。房价的上升使房地产投资增加,房地产行业的工资水平短期内也会出现上升的现象,因此劳动力自然会往该行业转移。

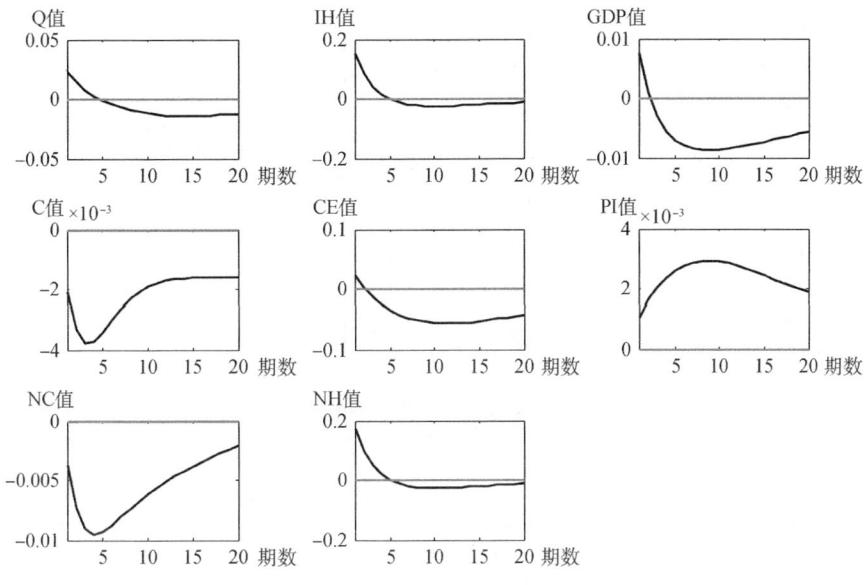

图 5-3 房地产需求偏好的冲击效应

由图 5-4 可知,当经济受到一个正向的利率冲击时,房地产实际价格会出现明显下降,房地产投资明显减少,产出水平也呈现类似波动。在资产价格高企的时期,利率的调整是一个具有很强作用的工具。但是利率工具的杀伤力较大,在抑制资产价格上涨的同时,一般价格也下降,限制了实体经济和产业的发展。劳动力供给在商品部门和房地产部门都出现下降的情况,也说明了利率调整的影响力。

由图 5-5 和图 5-6 可知,技术进步对房地产价格和房地产投资等变量也具有较为显著的意义。商业部门正向的技术冲击,会使房地产价格微幅上涨,随后回落到正常水平。房地产部门正向的技术冲击,会使房地产价格出现小幅度回落,随后回归到较为正常的水平。房地产

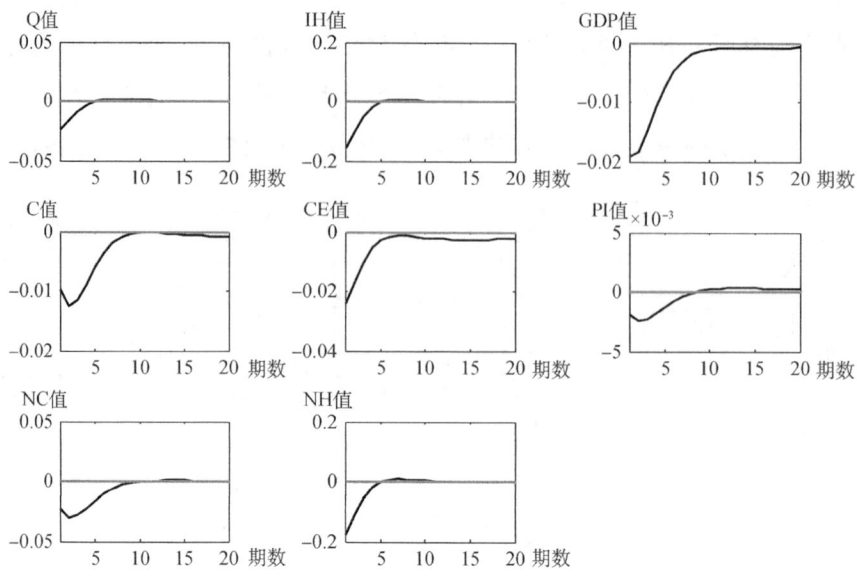

图 5-4 利率的冲击效应

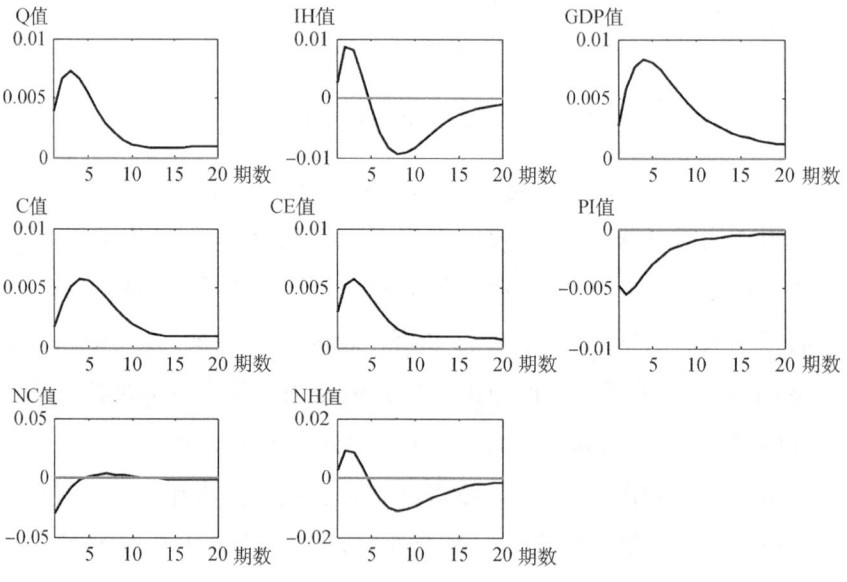

图 5-5 商业部门技术进步的冲击效应

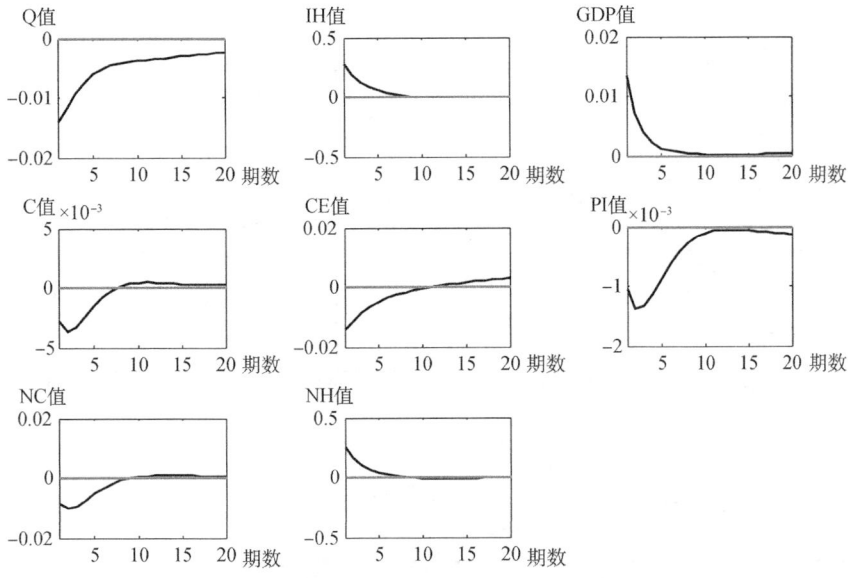

图 5-6 房地产部门技术进步的冲击效应

业的技术进步,使建造成本下降,房地产实际价格的回落是合理的,但是维持的时间较短。房地产业的技术进步,还会迎来更多的投资,带动更多人在房地产部门就业。

由图 5-7 和图 5-8 可知,工资的冲击效应是比较大的。商业部门正向的工资冲击,会使实际房价先出现微小回落,然后回归到正常水平。房地产投资会受到负面影响。工资的升高会给 GDP 带来冲击,并使劳动供给小幅回落,失业率可能会出现短期增加。房地产行业的正向工资冲击,会使房地产实际价格出现较为明显的上升。而成本上升会使房地产投资相应减少,房地产行业雇佣的劳动力出现微幅下调。工资的上升会使一般价格水平上升,并具有一定的持续性。

由图 5-9 可知,物价水平受到正向冲击时,一般价格水平上升,房地产实际价格下降,房地产投资上升。消费水平下降,商品部门的劳动供给也下降。但是,房地产部门的劳动供给在短期内有非常明显的上升,随后滑落到正常水平。由图 5-10 可知,一个正向的劳动供给冲击,使房地产实际价格水平出现暂时性的上升,随后滑落下降。

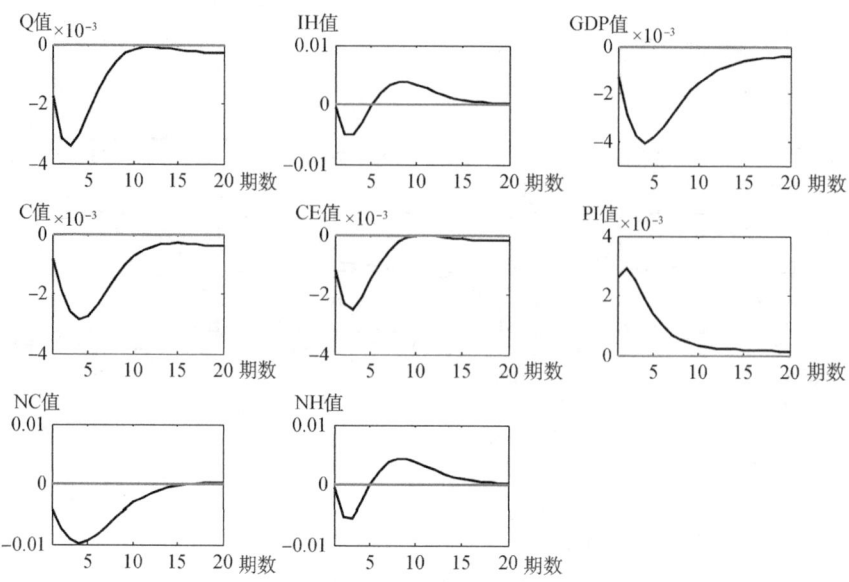

图 5-7 商业部门工资的冲击效应

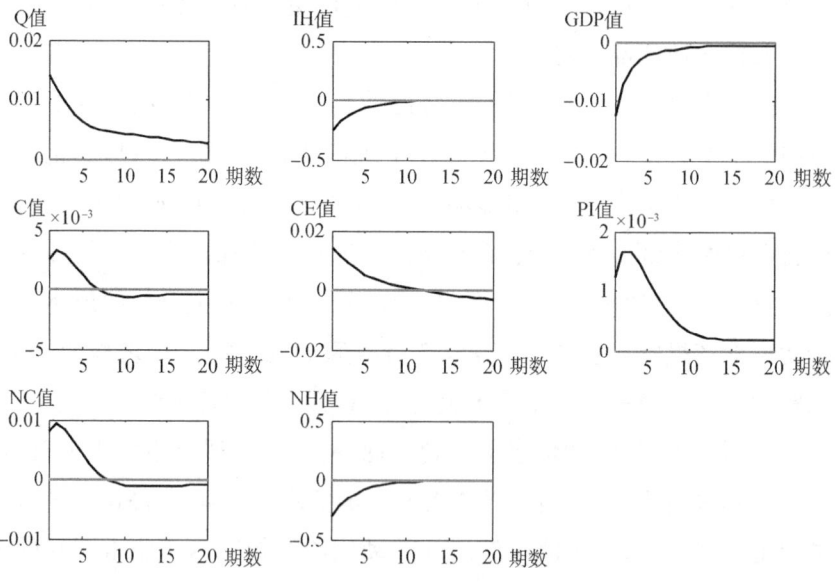

图 5-8 房地产部门工资的冲击效应

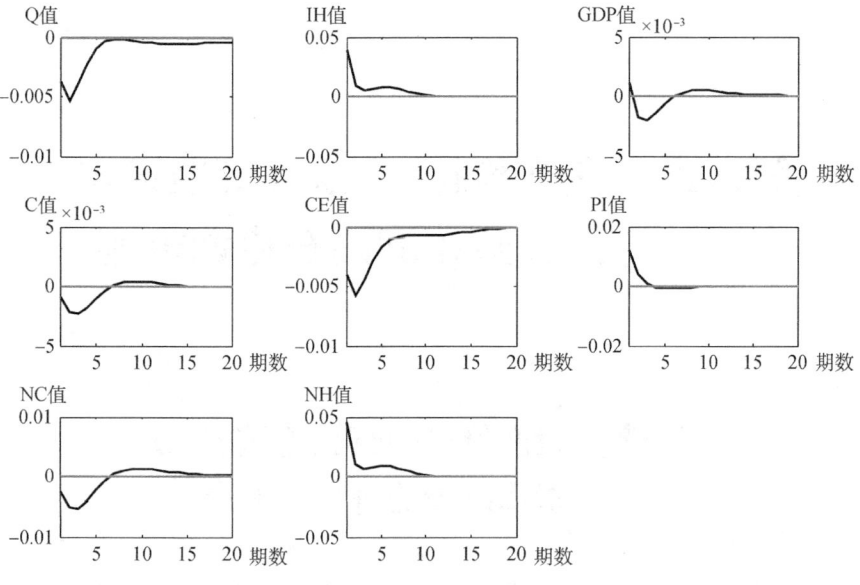

图 5-9 通货膨胀的冲击效应

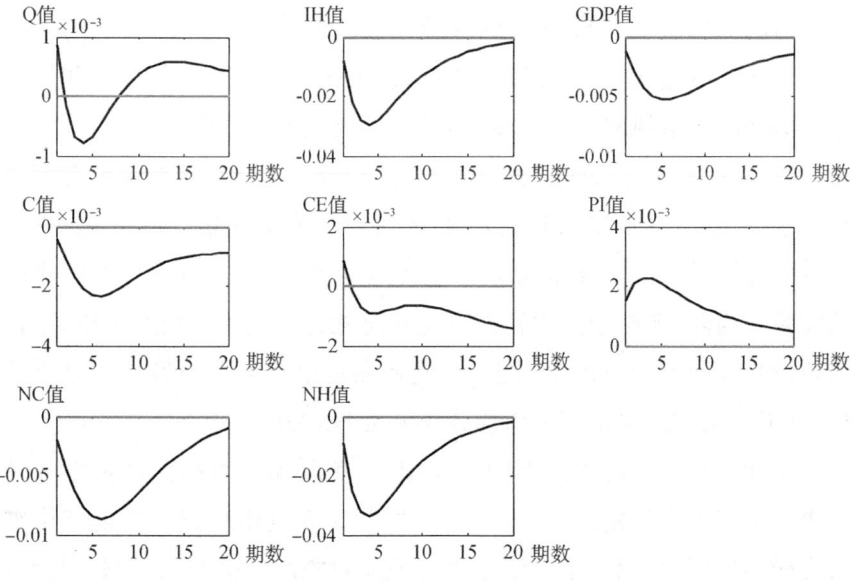

图 5-10 劳动供给的冲击效应

第六章 资产价格、宏观审慎监管与货币政策的内在协调机制

第一节 资产价格、宏观审慎监管与货币政策的研究与争论

在2008年全球金融危机爆发之前,世界经济连续出现高增长,同时通胀水平较低。金融稳定和低通胀水平使得利率保持在低位运行,金融市场的风险溢价开始不断降低。随之而来的资产价格不断上涨开始被人们解读为经济繁荣的特征,经济进入了一个"大缓和"时代。各种潜在的金融风险开始被低估,从而系统性风险不断累积。

在2008年全球金融危机爆发后,鉴于资产价格和金融稳定在宏观经济中的重要地位,中央银行的不干预资产价格立场开始分化,越来越多的经济学家和决策者倾向于重新考虑中央银行和资产价格之间的关系。当前,各国中央银行基本主张重视并适当干预资产价格,存在的争论是如何使用货币政策干预,或者在货币政策之外另外建立干预机制(王朝阳和王文汇,2018;唐建伟和夏丹,2021)。

例如,欧洲中央银行、英国中央银行、美联储等机构已经重新梳理货币政策与资产价格之间的关系,他们开始在货币政策分析框架中纳入金融周期因素,以货币政策来更好地应对资产价格泡沫问题。当然,货币政策框架的改变在于中央银行更多地关注信用周期,并利用货币政策来影响金融周期,而不是单一地根据资产价格调整货币政策。不

过,中央银行单独依靠货币政策可能仍难以有效应对资产价格泡沫问题。

有关货币政策与资产价格关系的讨论,还存在较多的分歧,但是有关宏观审慎监管的讨论却达成了较大的共识。从宏观审慎监管的视角,不断丰富和完善金融监管,将成为各国防范系统性风险的重要手段。在G20伦敦金融峰会,宏观审慎监管成为峰会最终报告《加强监管和提高透明度》最主要的政策建议。基于各国金融周期的特征构建宏观审慎监管框架,并在此基础上与微观审慎监管更多地进行融合,将是各国金融监管的一个主要发展趋势。

G20伦敦金融峰会明确提出,宏观审慎监管是指运用审慎工具控制系统性风险,降低金融服务突然中断对实体经济造成的影响。一方面,宏观审慎监管可以抑制金融失衡,降低系统性风险对实体经济部门的影响。另一方面,宏观审慎监管将整个金融体系当成一个有机整体,可以充分监测系统性风险,及时应对风险溢出和风险传染。我国也已经积极进行金融改革,开始构建逆周期的金融宏观审慎监管制度框架。

在宏观审慎监管与货币政策关系的研究上,也获得了较好的理论成果。一些研究认为宏观审慎政策与货币政策应相互结合并相互加强,但宏观审慎工具的使用会使货币政策复杂化,并改变货币政策传导机制。调整宏观审慎政策以应对周期性问题,会使货币政策变得更加复杂(马骏和何晓贝,2019;吕江林等,2021;Turner,2011)。另一些研究认为货币政策的主要目标是维持价格稳定,金融稳定只是次要目标。宏观审慎机构不能建议改变货币政策,因为这与货币政策的主要目标冲突,削弱货币政策的独立性。但是,宏观审慎机构可以在制定政策过程中,讨论和考虑与特定货币政策相关的金融稳定风险。反过来,货币政策制定者在校准过程中也可以考虑宏观审慎机构的行为反应(方意,2013;马新彬,2016)。

国内一些学者认为,在生产率冲击下,生产率持续增长使信用和资产价格上升,而由于实际工资存在惯性,单位劳动成本会减少,通胀走低。商品服务价格与资产价格的变化方向产生背离,这种背离导致金融稳定目标和通胀稳定目标在某些情况下存在冲突。中国的宏观审慎监管应当更多地关注房地产泡沫问题、银行不良贷款等问题(聂召,2013;苗文龙和闫娟娟,2020)。

货币政策和宏观审慎政策都被用作逆周期管理工具:货币政策的主要目标是价格稳定,而宏观审慎政策的主要目标是金融系统稳定。从根本上说,这两种政策目标都是宏观经济稳定并且对实际经济变量产生影响(Galati and Moessner,2013)。货币政策会通过以下两种渠道影响金融稳定:一是通过改变风险偏好代理人的事前预期,影响杠杆率和短期借贷;二是通过影响事后借贷约束,提高资产价格及其相关的外部性,同时强化杠杆周期(Claessens,2014)。宏观审慎政策使用以贷款价值比、逆周期资本要求为代表的政策工具,通过借贷约束影响产出,对货币政策效果产生影响。货币政策和宏观审慎政策之间的相互作用,会增进或衰减政策效果。因而,对货币政策和宏观审慎政策之间协调问题的探讨一直是学界研究的重点。

然而,货币政策和宏观审慎政策应该采取合作形式还是非合作形式,目前的研究存在分歧。Bean 等(2010)使用 DSGE 模型,探讨了对银行部门一次性征收或补贴的宏观审慎政策工具可能对货币政策产生的影响。研究结果表明货币政策和宏观审慎政策不仅仅是替代关系,还应该是合作关系。Angelini 等(2011)以资本金要求作为宏观审慎工具,发现宏观审慎当局和中央银行之间合作的不足可能产生相互政策的矛盾,因此合作是首选。De Paoli 和 Paustian(2011)研究发现,面对成本推动型冲击,政策当局的合作可以大幅提高货币政策的福利。有些学者则认为,单纯的合作关系有可能会削弱货币政策和宏观审慎政策的效果。Beau 等(2012)认为,如果货币政策将宏观审慎政策的经济效应作为选择利率水平的因素之一,货币政策和宏观审慎政策的非合作情况会给社会带来更多帕累托改进。Svensson(2012)的研究结果表明,非合作博弈带来了更高的社会福利,当货币当局和宏观审慎当局关注各自的目标,它们在最小化宏观经济波动和金融波动方面表现得更高效。

在货币政策和宏观审慎政策协同效应方面,国内学者也使用 DSGE 模型进行了很多研究。王爱俭和王璟怡(2014)以逆周期资本要求作为宏观审慎工具,认为货币政策和宏观审慎政策在金融冲击下的协同配合,对稳定宏观经济具有显著效果。梁璐璐等(2014)将 LTV 比率当作宏观审慎工具,对家庭和企业进行区别调控,对冲击下货币政策和宏观审慎政策不同组合的效果进行模拟。模拟结果显示,宏观审慎政策在传统冲击下不会对货币政策目标产生影响;在非传统冲击下,两种政策的相互配合会使宏观经济趋于稳定。卜林等(2015)对以财政政策、货币政策为代表的宏观经济政策和宏观审慎政策之间的相互关系进行了分析,认为财政政策、货币政策与宏观审慎政策的协调有助于金融稳定的实现。

虽然货币政策着眼于长期价格稳定目标的实现,但是在短期内可能会出现信贷和资产价格的过快增长,从而出现金融失衡、物价水平偏离政策目标的现象。由于货币政策和宏观审慎监管与资产价格之间的特殊关系,本书试图更多地从资产价格的视角来考察宏观审慎监管与货币政策之间的内在协调机制。

第二节 宏观审慎政策、货币政策与资产价格的协同关系分析

一、宏观审慎政策与资产价格之间的联动关系

2008 年的全球金融危机告诉我们,货币稳定并不能确保金融稳定,两者之间可能存在各种形式的分离均衡。这使原来旨在实现价格稳定的货币政策重新面临宏观稳定方面的困境(黄志刚,2010;Mishkin,2009)。

由于顺周期性的存在,资产价格波动对实体经济的冲击作用会被放大。在经济上行期,如果缺少相应的控制政策,资产价格上涨容易使经济出现过热现象,从而形成资产价格泡沫。在经济下行期,由于资产价格往往先下降,而且下降幅度也比较大,从而使金融资产大幅度贬值,影响了经济发展。资产价格的顺周期性使经济体系容易产生过度的风险,造成金融失衡。

一些研究认为资产价格的顺周期性是由于借贷双方信息的不对称造成的。风险随时间不断变化,因而难以准确评估。在经济上行时往往被低估,而经济下行时又往往被高估。另外,众多金融工具的同质化使信贷更多地向资产价格集中,从而进一步加剧了资产价格的波动。

在2008年全球金融危机之前,各国一直依赖货币政策对资产价格的作用,希望货币政策能够克服资产价格的顺周期性,从而减轻资产价格剧烈波动对实体经济的过度冲击。然而,货币政策更多地追求通货膨胀目标,在减轻资产价格顺周期性的表现上并不理想。在某些时候,它甚至还会加剧资产价格的波动性。在2008年的全球金融危机之后,人们开始关注宏观审慎监管的功能。

宏观审慎监管的一个重要功能就是降低金融体系的顺周期性,密切监测金融风险的变动,并在适当的时候以宏观审慎工具来化解风险。宏观审慎监管能缓解资产价格的顺周期性,成为各国决策机构希望运用的策略。从跨部门维度来看,宏观审慎监管的另一个重要功能是控制系统重要性机构的金融风险,其本质也是资产价格波动风险。很多的实证研究也表明,以房地产价格等资产价格为目标的宏观审慎政策,要比传统的货币政策工具更为有效。

二、货币政策与资产价格之间的联动关系

当前流行的货币政策框架的主要目标是保持物价稳定。美国等主要发达国家都实行货币政策的通货膨胀目标制,因而货币政策通常只在资产价格破裂时做出补救措施,而在资产价格上升时不作反应。

货币政策在经济放缓的时代似乎取得了很好的效果,但在金融危机来临后,资产价格波动就成了不得不应对的问题。

2008年的全球金融危机爆发给我们带来的教训是,如果大量货币流入金融市场和资本市场投机,而不是助力于实体经济的巩固,那么扩张性的货币政策可能只是推进资产价格上涨,而未必导致物价水平明显上升。因此,高资产价格波动和低通胀水平是可以共存的。经济历史也表明,在很多资产价格泡沫时期,物价水平却是相对稳定的。

一旦通货膨胀得到了控制,中央银行就有可能放松对金融失衡的警惕,系统性风险累积的可能性就变得更大。如果金融进入失衡阶段,以通胀为目标的政策可能会使宏观经济变得不稳定,资产价格可能会膨胀,金融危机出现的概率变大。但是,为了维持货币政策的可信度,又不能在货币政策框架中加入过多内容,这就需要政策制定者能够较为准确地预测资产价格泡沫,并尽可能地规避风险。

因此,长期实施着眼于短期目标的货币政策,就可能导致长期的政策忍耐,系统性风险也会不断累积,进而引发中长期的金融失衡。一国通胀水平得到了较为有效的控制,但如果长时间内忽视信贷膨胀和资产价格泡沫问题而实施宽松的货币政策,那么必然会冲击中长期的金融稳定性。

2008年的全球金融危机告诉我们,货币政策需要对金融失衡做出必要的反应。除了事后补救机制外,事前预防机制也是非常必要的。由于众多的货币政策框架都是针对中长期而设定的,所以具有阻止金融危机发生的作用,或者可以在较大程度上降低危机发生时的破坏性。当经济上行时,逆周期的货币政策可能在一定程度上抑制经济增长,但对金融稳定起到了很好的保障作用。出于金融稳定的需要,货币政策是否直接去盯住资产价格,还需要考虑更多的潜在因素和条件。例如,在资产价格泡沫出现的初期,中央银行如果主动刺穿泡沫,有可能会带来更大的损失。但是,如果资产价格泡沫已经到了快要破灭的时期,而货币收紧的成本相对较小时,货币当局需要提前做出反应,选择合适的时机来刺穿泡沫。中央银行在货币政策与资产价格的关系上,需要根据经济、金融发展的需要相机抉择。

理性预期与有效市场假定的局限性要求有相应的协调机制安排作为补充。理性预期理论认为,在形成对某一变量的预期时,人们不仅能够根据所获得的信息进行选择,而且总能够根据新的信息变化对预测迅速做出调整。在这种情况下,人们的预期应与最优预测相一致。按照有效市场假定,市场中的价格反映了所有应该得到的信息,也即所有价格都是正确的,并且反映了市场基本面,因而市场出清是常态。在理性预期和有效市场假定下,放松金融监管、减少政策干预是自然的政策主张,政策协调也无必要。但实践表明,由于包括政策当局在内的市场主体难以获得所有信息,而只能根据有限信息做出有限选择,因而信息不对称和有限理性才是市场的常态。在此逻辑下,必须建立有效的协调机制,以弥补政策当局之间信息不对称和有限理性的不足。

目标多元性与政策工具单一性之间的潜在冲突,是协调机制建立的重要原因。从国家干预理论与实践诞生之始,政策干预就面临着政策目标与干预工具的选择与搭配问题。在政策实施中,不同的政策工具实际上掌握在不同的决策者手中。如果不能紧密配合协调这些政策而只是独立进行决策的话,那么决策者就不能实现最佳的政策目标。鉴于宏观审慎政策本身所具有的多层次属性和特征,其制定和实施均要涉及多重目标和多个工具,也会相应涵盖多个部门和多个行业。要通过有效的协调机制安排来实现政策目标与政策工具的优化匹配,从而保证政策实施的有效性和及时性。

"集体行动的困境"揭示了协调机制的建立所面临的问题。一般认为,由具有相同利益的个人形成的集团,拥有进一步追求集团利益的内在倾向和冲动。但实践认为,在一个集团范围里,集团利益是公共性质的,集团中的每个成员都能共同且均等地分享这种利益,而不管该成员为利益付出了什么成本。集团利益的这种性质,使集团的每个成员都存在"搭便车"行为。除了搭便车,集体行动还存在成本问题。一般而言，集体规模越大、成员越多，集体行动的协调成本就越高，从而集体行动的一致性就越难，做出共同选择和决策就越难，从而陷入"集体行动的困境"。为减少宏观审慎政策的行动困境，在控制治理安排规模的同时，也需建立完善的协调机制来最大程度地减少信息成本和协调成本，保证要实现的政策收益大于成本。

第三节 资产价格视角下宏观审慎监管与货币政策的协调机制

一、宏观审慎监管与货币政策目标的协调

2008年全球金融危机爆发后，人们对宏观审慎监管与货币政策之间的关系进行了更多的反思。宽松的货币政策容易使金融机构承担更大的风险，导致更高的金融杠杆率，从而使资产价格出现泡沫。资产价格泡沫，又使金融稳定性遭到破坏。宏观审慎监管的一个重要目标是将系统性风险纳入监管框架，而不仅仅关注微观金融的个体风险。当然，宏观审慎监管并不否认微观审慎监管，而是监管范畴上的一种拓展和协调，并在很大程度上与货币政策有关。

货币政策在应对特定的资产价格波动上，效果可能并不显著。例如，在房地产泡沫的调控上，货币政策往往难以找到非常合适的途径。在这些特定的领域，宏观审慎监管的效用可能更大。在不改变总量调节的基础上，宏观审慎监管和货币政策都有各自独立的政策目标、实施工具和操作空间。同时，宏观审慎政策与货币政策之间将互相关联、互相促进。

宏观审慎监管的最终目标是维护金融稳定，减少由金融不稳定带来的宏观经济成本。宏观审慎监管的直接目标是防范系统性风险，不同系统性风险下的分析结果会有不同。英格兰银行认为宏观审慎监管应着重关注稳定的金融服务，避免金融周期中的信贷和流动性繁

荣——萧条周期。Brunnermeier(2009)认为宏观审慎的具体目标包括降低系统性风险。

当宏观审慎监管和货币政策实行有着共同目标时,两种政策就可能发生叠加效应,政策效果会更为理想。在应对不同目标时,宏观审慎监管与货币政策又可能存在内在的冲突,从而抵消两种政策的效果。因此,在不同时期,我们还需要审视宏观审慎监管和货币政策的目标是否有冲突,并判断应该以哪个为主。例如,在应对资产价格泡沫时,可能以宏观审慎政策为主,以货币政策为辅,避免两者之间的抵消作用。两种政策只有进行有效搭配,才能起到事半功倍的效果。

单一地强调货币政策或宏观审慎政策的某个目标,可能会有失偏颇,难以达到最优的政策效果。由于宏观审慎政策与货币政策之间具有一定的互补性,因此在逆周期监管等问题上,两者完全可以达到互相强化、互相促进的效果。当运行中的某一政策出现问题时,另一政策应当及时给予协助,这种协调配合对于防范金融系统性风险将起到关键作用。

二、宏观审慎监管与货币政策操作实践上的协调

尽管宏观审慎监管政策与货币政策相互结合有利于金融稳定,但是实施过程中的货币政策操作也面临许多困难。从操作层面来看,需要从两个维度阐释宏观审慎的具体目标,正如Crockett(2000)提出的截面维度与时间维度。截面维度的关键是如何处理金融机构间共有的且相关的风险。这些风险可能是金融机构直接暴露于相同或相似的资产类别风险,也可能是机构之间业务的交叉所导致的间接风险暴露,相关机构需要防止特定时点风险在金融网络中的传播及对结构变化的影响。一项成功实施的宏观审慎监管可以减少金融的系统性风险,从而保证货币政策的传导机制能够顺利进行。同样地,一个良好的货币政策将影响金融市场条件,或者影响企业的资产负债表,从而提高金融系统的稳定性。因此,宏观审慎监管政策和货币政策之间是可

第六章 资产价格、宏观审慎监管与货币政策的内在协调机制

以相辅相成的。

例如,宏观审慎监管的一个重要部分是构建逆周期的资本缓冲政策。中国人民银行自2013年积极实施了这一政策。从资本监管上看,巴塞尔协议所具有的风险敏感性使其具有内在的顺周期性,这种顺周期性只能部分缓解而难以根本消除。最新的《巴塞尔协议Ⅲ》考虑了资本充足率的顺周期性问题,但是顺周期性问题并没有被避免或克服。在经济上行时放松对资本充足率的要求,鼓励银行的信贷供给;在经济下行时收紧对资本充足率的要求,使银行难以获得股权融资,不得不收缩资产负债表,要么低价出售资产使资产价格进一步下跌,要么减少信贷供给造成信用紧缩(谢平,2010;IMF,2010)。

从金融基本逻辑来看,金融体系具有内在的顺周期性。在经济繁荣时期,由于资产价格上升,抵押资产价值也相应上升,银行更愿意扩大信贷额度,从而使经济进一步繁荣。相反,在经济衰退时期,前面的信贷可能就会转变为不良贷款。由于资产价格下跌,借款人财务状况恶化,抵押物价值下降,银行会变得更为谨慎从而减少贷款的发放。信贷规模的紧缩又会进一步影响到经济的复苏,给实体经济带来负面的冲击。

逆周期资本缓冲政策能够增强金融体系的弹性,并降低信贷周期。因此,在逆周期资本缓冲政策执行时,用来抵消更严格的信贷条件的货币政策需求就会降低。在2008年全球金融危机发生后,很多发达国家的中央银行为了应对越来越紧的信贷可得性,以大幅度降低利率的方法来支持金融系统。如果在经济周期下行前,金融系统累积了足够多的资本缓冲,那么在危机到来时实体经济就能获得足够的支撑,减缓经济的衰退。如果没有足够的资本缓冲准备,那么资本金被不断侵蚀,银行则不得不减少对实体经济的信贷供给。即使运用货币政策大幅度降低利率,银行可能也无力放贷。因此,更高的资本缓冲将使货币政策信贷供给的传导渠道更为通畅。而且,逆周期资本缓冲可以降低货币政策进入利率零下界约束的风险,从而使货币政策在经济周期

内更加平滑,并在危机发生后起到相应的弥补作用。

中国的金融系统是以银行为主导的系统,银行信贷对经济发展有着极其重要的影响。货币政策的传导和宏观审慎监管政策的传导实际上都要通过银行。货币政策中有关利率工具、存款准备金工具等的规定都需要通过银行来发挥作用。而宏观审慎政策中的资本缓冲机制、贷款损失拨备、贷款价值比等工具也都是通过银行渠道来完成的。

综合来看,宏观审慎监管和货币政策的实施必须从物价稳定和金融失衡两方面来系统评估。在特定的经济阶段,如果金融失衡较为严重,相关机构就必须考虑使用货币政策调节总量。在经济出现过热现象时,货币政策如果仍然保持宽松的刺激,那么任何宏观审慎政策工具都将失去作用。成功的宏观审慎监管需要依靠中央银行审慎的货币政策。(陈雨露和马勇,2012)。

三、宏观审慎监管与货币政策协调的国际经验

2008年全球金融危机爆发之后,金融稳定理事会、巴塞尔银行监管委员会等国际组织积极推进国际金融监管规则改革。目前,各国已经达成了一定的共识,并从时间维度和跨行业维度这两个视角来发展宏观审慎监管工具。在时间维度上,通过分析金融周期控制或降低金融体系的顺周期性;从跨行业维度上,需要控制金融机构的关联性和共同风险敞口,尤其关注系统重要性金融机构,防止出现"太大而不能倒闭"或者"太关联而不能倒闭"的问题。

一个宏观审慎政策能否得到满意的实施,关键在于对宏观审慎工具的开发和选择。由于宏观审慎政策涉及银行、保险、证券等多个领域,所以在政策工具的设计上,巴塞尔银行监管委员会、国际保险监督官协会等机构也进行了较多的合作,不断优化宏观审慎政策工具。各国也需要根据各自的经济、金融情况来具体设计宏观审慎监管框架,采取适当的宏观审慎政策工具。

从国际监管经验来看,2010年美国的金融监管改革和2013年英

国对新型"双峰"监管模式的探索,以及欧洲中央银行的一系列改革,对我国都是好的借鉴。美国在2010年7月正式实施《多德—弗兰克法案》,美国的监管组织框架、理念、范围和力度都发生了重要变化,美联储的地位也被重估,货币政策与宏观审慎政策之间正式建立了联系。

英国通过了《2009年银行法》和《2010年金融服务法》,从2013年开始实施新型的"双峰"监管模式,重新确定了英国中央银行与审慎监管之间的关系。英国的新型"双峰"监管模式实现了重大的突破。"双峰"监管是由审慎监管局和金融行为监管局组成的、专司金融审慎与行为监管的两方组织架构,是改革之后英国统一金融监管体系的重要组成部分。在"双峰"监管框架下,两大金融监管主体的职能发生了一些重要的变化,与此前由财政部、英格兰银行和金融服务局组成的三方监管模式有很大区别。这种模式的最大特征是,英格兰银行金融监管职责全面提升,成为目前世界上最有权力的中央银行之一。

英格兰银行除继续履行原有的货币政策职能外,金融监管职能也获得全面扩充。由于2008年全球金融危机暴露了英国金融监管协调机制缺位这一重大缺陷,因此新的监管机制对各监管机构之间的协调做出了大量规定。其中,最重要的是审慎监管局与金融行为监管局之间的协调机制,此外还包括众多机构与英格兰银行之间的协调机制。这些协调机制的建立,在很大程度上促进了英国宏观审慎政策与货币政策的一致性。

Lim(2011)通过国际数据研究,发现大部分国家在利用贷款价值比上限、信贷额度或信贷增长率限制、准备金要求、逆周期资本金要求等宏观审慎工具时,都会和货币政策协调执行。一些研究认为货币政策与宏观审慎政策基本是相互加强的,增强金融系统弹性的宏观审慎措施能使经济免受剧烈的金融波动干扰,从而巩固货币政策。反过来,宏观经济稳定可以减少金融系统在顺周期趋势中的风险暴露。

众多的国际经验告诉我们,要想防止资产价格泡沫、保持金融稳定,中央银行的货币政策与金融监管当局的审慎政策需要更多的配合与协调。只有在良好的合作基础上,人们才能更准确地预测资产价格泡沫和判断系统性风险出现的可能性,从而采取有效的防范措施。而预测的准确性很大程度上依赖于信息的准确性,这就需要金融机构、金融市场和整个金融体系的信息,而这些信息的收集恰恰需要中央银行与监管机构、金融机构之间更多的合作。

四、中国基于资产价格视角进行政策协调的价值

从资产价格视角来看,宏观审慎监管与货币政策通常可以防范不同类型的金融失衡,两者之间是一种互补协调的关系,而不是一种替代关系。货币政策着重考虑重量,在金融的结构失衡问题上是难以应对的,而宏观审慎政策恰好在这方面可以给予补充。宏观审慎工具和货币政策工具都不是相互独立的,协调与配合机制显得非常重要。货币政策在稳定价格的同时,需要适度关注资产价格的偏离。对由于资产价格偏离而产生的系统性风险防范上,宏观审慎监管将带来更大的帮助。

由于居民财富配置的多元化,资产价格波动对实体经济的影响更大,从而对金融稳定的影响也变得更大。资产价格如果过度偏离,则对实体经济的发展产生实质性的冲击,经济波动也会加大。如果货币政策不能兼顾资产价格,那么泡沫经济就容易形成。宏观审慎监管与货币政策协调的国际经验也说明,无论资产价格泡沫是形成,还是破裂,宏观审慎政策都是货币政策的有效补充,至少在泡沫破裂后可以减少损失。宏观审慎工具的使用相对是比较稳定的,货币政策工具则可以根据需要时常调整。

宏观审慎监管体系的建立,在很大程度上可以规避金融体系内在的顺周期性。逆周期的宏观审慎政策,可以消除或者减轻金融体系的顺周期性。尤其在资产价格波动上,可以避免系统性风险给实体经济带来的不良影响。宏观审慎政策与货币政策的深度配合,也将产生事半功倍的效果。

中国处于经济转型过程中,其经济、金融状况非常复杂。除了传统的金融体系的顺周期性外,影子银行发展也异常迅速,而影子银行体系与资产价格之间的关系加大了货币政策调控的难度,或者说影响了货币政策的实施。影子银行体系本身也具有信用创造功能,其产生的资产价格泡沫已经脱离了传统货币政策调控的范围,因此宏观审慎政策的灵活运用是非常迫切的。从资产价格波动的视角来看,宏观审慎监管与货币政策是互相增强、相辅相成的。宏观审慎工具与货币政策工具的有效配合,不仅可以控制通胀,而且可以使得金融体系更加稳定。由于单一的宏观审慎监管或货币政策都难以应对资产价格失控问题,因而宏观审慎监管与货币政策可以从目标设定、操作实践等多方面进行协调合作,以减少资产价格波动。

第七章　影子银行的风险资产、系统性风险与宏观审慎监管

第一节　关于影子银行体系的研究综述

自2008年的全球金融危机爆发以来,国内外学者对影子银行体系进行了重新审视,并进行了大量的研究。研究主要涉及影子银行的定义、成因、规模估计、在金融危机中扮演的角色以及影子银行的监管等方面。影子银行与商业银行一样,是一种信用中介,其在经济体系中提供三种转化:信用转换、期限转换和流动性转换。由此方式将全社会的借款人和融资人联系起来,但不同于商业银行的吸收存款发放贷款机制,而是以与现代金融市场联系非常紧密的各种金融工具形式出现的。狭义上的影子银行,指从事债权类业务的一类非银行金融机构。如果将股权投资也算上的话,那么像 PE(private equity)、VC(venture capital)、投资基金等机构就将纳入广义的影子银行范畴。纽约大学的"末日教授"鲁宾就认为,影子银行体系包括证券经纪自营商、对冲基金、私人股本集团、结构投资工具和渠道、货币市场基金以及非银行抵押贷款机构。可见,如果按照广义的影子银行定义,绝大部分非商业银行的金融活动都可划归到影子银行的范畴(朱孟楠等,2012;侯成琪和黄彤彤,2020)。

问题的关键在于,金融自由化改革以来,欧美国家股权融资与债权融资的边界日益模糊,对冲基金、投资银行、结构化投资工具等都同

时参与到股权与债权活动中,甚至商业银行也开始了混业经营。如果商业银行这一概念自身都难以界定清楚的话,那么作为其对立面的影子银行就更难界定了。因此,有必要对影子银行的层次进行细分,以全面把握影子银行的特点和其形成的系统性风险。

一、影子银行体系的基本内涵及其与金融危机的关系

影子银行体系,也被称为平行银行体系或准银行体系,广义上是指传统银行体系之外的实体及其活动所组成的信贷中介系统;狭义上是指那些在系统性风险和监管套利方面需要受到关注的实体及其活动。同时,影子银行体系还包括那些为期限转换、流动性转换以及杠杆交易提供便利的实体。影子银行主要为了监管套利,依赖复杂的金融设计规避了正规监管,涉及更多的商业银行业务。当市场流动性受到影响时,影子银行就可能产生系统性风险。金融机构拥有大量影子银行的证券化产品,极大地推进了金融全球化的进程,对各种结构化金融产品的技术支持则成为影子银行发展的推动剂。另外,货币政策与金融监管框架之间不协调导致的金融创新,以及被管制银行与未被管制银行之间的竞争,促进了影子银行的产生和发展。

影子银行体系的高杠杆率以及由此带来的高经营风险,是引致金融危机的关键因素。影子银行体系的"挤兑"是金融危机蔓延的一个重要原因,危机后由于更高的保证金要求和资产贬值而被迫去杠杆化又引发了新一轮的损失。一些研究认为由于缺乏明确的政府支持,影子银行在金融困境下表现得极度脆弱。这种极度脆弱性很容易传染到商业银行体系,从而引发金融危机。总体规模上,2008年全球金融危机后,美国的影子银行规模在缩小,而欧洲则保持较为稳定的发展。

二、对影子银行体系的监管方法与监管措施

对于影子银行体系监管的必要性,存在两种争论。一种观点认为如果过度监管,影子银行体系存在的形式可能更加隐蔽,从而更难监

管,甚至有人认为正是由于监管的加强导致了更多影子银行的出现。另一种观点认为影子银行体系的监管缺失使全球经济付出了昂贵代价,有关部门应进一步扩大监管范围。影子银行体系的迅速发展提高了系统性金融风险,演化为系统性危机的概率增大。由于影子银行发挥着与银行类似的功能,金融危机中与银行一同受到救助,因此也应该受到与银行相同程度的监管。

有关影子银行体系的监管方法和监管措施也有了较大的进展和实践。一个具备系统性视角的监管体系,才能在监管影子银行体系时迎接挑战,任何一个纯粹私人部门的解决方案都不能保证银行体系的安全,所以对金融机构监管的重点不只是把系统性风险推到"影子"中。由于影子银行与传统银行具备类似的功能,所以"功能监管"的效果会更好,而单一的"机构监管"会使传统银行通过影子银行进行更多的监管套利活动。美国某一方案认为虽然对影子银行体系采取了一系列有效的监管措施,但仍有很多的监管"空白",尤其是资产证券化、货币市场共同基金和回购协议等方面还没有纳入监管范围。他们建议将这些疏忽的方面纳入审慎监管、存款保险及中央银行最后贷款人范围。一些学者主张最有效、最原始的监管工具是资本要求。在风险被忽视时,资本监管可以成功减弱金融中介扩张风险的能力。当金融中介不断增长的风险波及房地产等特定行业时,监管者就可以发出红色预警。《巴塞尔协议Ⅲ》对传统银行愈加严格的资本要求,可能使银行选择将监管套利纳入影子银行信贷系统。在缺乏对影子银行体系监管的情况下,金融不稳定性可能会更加严重。

从国际金融监管来看,从2011年开始金融稳定委员会联合巴塞尔银行监管委员会,集中推出了全面监管影子银行体系的基本框架和措施,基本覆盖了所有影子银行体系的活动。监管方式包括直接监管和将影子银行收回表内的间接监管。各国对影子银行体系的监管总体强度还不高,目前仍然处于试探性的阶段。

三、影子银行体系的风险测度

由影子银行风险带来的监管风险也是不能忽视的。影子银行的相关金融活动(如资产证券化放开)、所有信贷产品,都可以在证券化后一次性收回贷款,银行就没有了资本金和坏账拨备的压力。这样,《巴塞尔协议Ⅲ》关于银行提高资本金要求的监管条款就难以起到约束作用。提高资本金的约束必须配合沃克尔法则才有效,但新监管条例在这最关键的地方被打了折扣,没能得到严格执行。

能够有效地识别、分析和评估影子银行体系的风险,是制定有效监管政策的前提。由于影子银行体系在不同国家或地区的表现形态不同,所以其风险监测方法也不是固定不变的,金融监管当局应当按照监管原则建立有效的、系统的风险监测框架。

在影子银行的监管套利方面,金融监管当局需要关注影子银行体系扩张的各种动机和诱因。在金融创新方面,金融监管当局需要灵活、适时地改进影子银行体系风险监测的内容与方法,捕获金融体系中的潜在风险。同时,在金融宏观审慎监管框架下,金融监管当局可以建立宏观审慎视角的风险监测机制,加强对影子银行的宏观审慎性监测评估。例如,可以将影子银行杠杆率作为宏观审慎性约束框架的一部分,严格限制杠杆率。

在监测数据和信息方面,金融监管当局应拥有收集必要数据和信息的权力,有权决定监管报告的内容与参数,有效支持以风险为导向的监测框架。既要提高金融产品和金融市场的透明度,也要完善场外交易市场的信息披露,以简洁、易懂的形式让投资者充分了解相关信息,尤其是影子银行的资金是否流向政府限制性行业和领域。要确保一切的金融交易和金融机构都在监管范围之内,尽量降低银行和投资者之间的信息不对称。

另外,在影子银行体系的监管上,还要加强国际金融监管的协调与合作。在经济全球化背景下,我国要加强与各国、各国际性金融机构之间的金融监管信息交流,尤其是对于影子银行的离岸监管,要注重国际金融监管政策的一致性和监管行为的协调、联合,健全国际金融风险预警系统,完善国际金融危机的拯救机制。

第二节 中国影子银行的发展与金融稳定

一、中国影子银行风险资产的总体发展

有关中国影子银行体系的研究大都以美国的案例为基础,论述影子银行的发展、运作及其监管状况,有利于我国影子银行体系的发展。我国影子银行体系的监管应该以减轻内生脆弱性和加强外部监管为突破点。国内影子银行作为利率市场化和银行业转型的天然载体,存在一定的合理性,但也给货币政策和金融监管体制带来了巨大挑战。对影子银行业务采取审慎监管是可行的金融稳定策略,在货币信贷的政策环境下,主动适应要好于强行阻断。我国金融发展阶段和市场结构决定了影子银行体系的特征,我们需要正确评判影子银行的作用,建立完善的检测制度。协调全球金融监管政策的金融稳定委员会于2012年11月发布相关数据,影子银行规模创下新高,所涉资金达到了67万亿美元。影子银行的繁荣已成定势,而且将超出传统银行和银行活动的监管网络范围。金融稳定委员会还呼吁对影子银行加强监管,以减少对金融稳定造成的风险。

在当前金融市场发展的水平上,影子银行界定得非常宽泛容易导致对金融创新活动的抑制。如果把银行贷款之外的全部融资渠道界定为影子银行的话,反而会导致社会融资的收缩。2012年下半年开始的经济的触底回升可能是一个金融上的冲击。有很多越来越大胆的预测,认为中国影子银行的规模为10万亿元到40万亿元,这甚至引发了国际金融界对中国金融体系稳定的担心。

2008年的全球金融危机暴露出了欧美影子银行体系的复杂性、脆

弱性和监管的困难性。自 2010 年以来，我国影子银行体系的规模也在迅速膨胀。从银行理财产品到银信合作、银证合作、票据信托、同业代付等创新型产品的不断出现，我国的影子银行在期限错配、风险错配和使用杠杆等方面与欧美影子银行并没有本质的区别，对我国的金融稳定造成了一定的威胁。

党的十九大报告提出要深化金融体制改革，完善金融监管，推进金融创新，维护金融稳定。我国影子银行体系一方面由于缺乏监管而过度累积风险，另一方面又缺乏应对风险的保障机制，因此成为金融体系中非常脆弱的一个环节。但是，对影子银行体系的过度监管可能会抑制我国的金融创新，进而影响利率市场化改革和存款保险制度的推出。因此，构建一个适度的影子银行监管机制是非常重要的，也有利于我国金融体制的进一步改革。从我国影子银行体系的特征出发对我国影子银行体系的研究，可以突破有关欧美影子银行体系的研究框架。这也是对金融监管理论的一种补充和完善，可以为金融监管的发展开拓一个新的思维空间。

二、金融结构与中国影子银行的发展历程

影子银行在中国的发展与中国的金融结构和金融环境有非常密切的关系。为什么影子银行业务会在中国如此快速增长？这就涉及中国特定的金融环境。从大众的角度来看，中国缺乏多元的投资工具和产品，长期负利率下饱受资产贬值的压力，形成一种强烈的金融"脱媒"的躁动。由于存款利率被长期管制，而且没有什么投资理财的渠道，因此中国储户要忍受负利率的时间特别长。在通货膨胀的长期压力下，存款纷纷流向其他替代产品，比如理财产品、信托、民间资金揽储、财富管理平台等。其中，大量发行的理财产品已经成为中国最大的影子银行资金来源地，而且理财产品的发行具有"棘轮效应"，大部分储户现在已经习惯对理财产品的滚动购买。这也使商业银行必须不断推出各种具有吸引力的理财产品。

从银行业务的角度来看,中国影子银行产生的主要原因是,在监管部门信贷额度和信贷投向的严厉管制的背景下,信贷与货币资源在不同经济主体的分配不均衡,使大量经济实体无法在正常银行体系下获得资金。监管层对银行的贷款投向也有明确制约(比如控制房地产贷款、两高一低贷款等),这类企业只能通过传统银行以外的融资渠道获得资金。这实质上是一种"监管套利",是在信贷额度控制与流动性不均衡下的结果。1949年以来,中国金融结构逐渐演进、影子银行不断发展,我国总体经历了计划经济下单一的国家银行金融结构,到改革开放初期的以国有银行业为主导的金融结构;再从以银行业为主导的金融结构,到目前以银行业为主导、多元化金融格局逐步形成的四个大金融结构演变过程。

我国在1949年后,实施的是高度集中的计划经济管理体制,财政在资源配置过程中占据主导地位。在这样一个计划经济管理体制下,1953年后,我国开始对金融体系进行改造,建立了高度集中的、以行政管理为主的单一国家银行体系结构,仅由中国人民银行办理银行业务。这个阶段的中国人民银行,首先是国务院管属下的政府管理机构,然后才是金融企业。它既承担着吸收存款与发放贷款的商业银行职能,同时还行使着政府宏观货币调控与资金配置的中央银行职能,全国93%左右的金融资产均由其控制,可以说基本上包办了所有的金融交易(裘翔、周强龙,2014;周新辉、李富有,2016)。

1978年,党的十一届三中全会拉开了经济体制改革的序幕。伴随着改革开放,在计划经济体制向市场经济体制转轨的大背景下,我国的金融结构也进行了一场大的变革:从原来的计划型、单一型金融结构逐步向市场化、多元化金融结构转变。这一阶段,我国金融体系打破了原有的由中国人民银行一统天下的旧格局,开始建立了多元化的金融机构体系。虽然这个阶段,各类金融机构纷纷建立,新的金融产品开始出台,但国有银行作为金融机构的绝对主力,一直保持着满足社会融资90%以上的需求,整体金融体系呈现由银行特别是由四大国有商业银行绝对主导的格局。这个阶段的银行筹融资活动主要接受政府部门的指导,具有很强的政府性质。

1993年,我国金融业也进入全面发展的新阶段。在银行体系方面,成立了三大政策性银行,市场化的商业银行大量涌现,民营银行踊跃发展。在非银行金融体系方面,新建了大量证券公司、基金管理公司、信托公司,同时设立了四家金融资产管理公司以便处置四大国有商业银行的不良资产。一个以银行体系为主导,证券、保险分工合作、功能互补的多元化金融机构体系逐步形成。在金融市场和金融工具方面,证券市场、期货市场、外汇市场、债券市场等重要的金融市场得到快速迅猛的发展。股票、期货、债券、大宗商品、远期等衍生金融产品都获得了不同程度的发展。虽然众多的非银行金融机构和金融工具涌现,但在这一阶段,银行在金融结构中的主导性地位仍非常显著。直到2007年,银行业的总资产占比在全部金融机构中仍高达91%。

2007年至今,虽然银行业仍在融资体系中占据主导性地位,但同时我国的金融结构已经悄然地发生了一些重大变化。首先,企业的股权融资占比水平得到了一定程度的提升。其次,从2008年开始,企业利用债券市场进行融资的额度也从2007年的2 000亿元快速上升至2015年的3万亿元,融资额在三种主要融资方式中占比也从最初的10%转变为20%以上的水平,企业债也逐步成为债券市场的发行主力。这一阶段,我国金融结构最为显著的变化表现在影子银行业务的兴起与快速发展上。特别是自2008年以来,中国的金融体系结构、金融市场发生了巨大变化,传统银行信贷占社会融资规模的比重显著下降。诸多非银行信贷融资方式快速增长,已经形成了具有中国特色的影子银行体系。这种中国式影子银行体系,经办了基本不受监管或受极少监管的非银行金融业务。

从2008年开始,我国各种银行理财、信托产品开始大量发行,各种利用银行表外业务开展的融资业务快速增长,其他利用互联网进行的直接资金融通活动也开始活跃,这标志着中国影子银行开始产生并呈现快速发展之势。相关数据显示,我国影子银行规模在2008年后呈明显加速扩张的态势,但随着监管政策的调整,其增速在2013年和2014年有所放缓。在绝对规模上,2014年我国宽口径影子银行规模达50万亿元左右;在相对规模上,其规模占GDP比重与其他金砖国家、日本相差无几,但与美、英这类典型的市场主导型国家仍有明显差距(李建军,2011;周新辉、李富有,2016)。

这一阶段金融结构的变化与影子银行的产生发展主要是由经济环境变化引起的,是金融体系适应经济发展的必然结果。企业将经济效益作为出发点,产生了强烈的降低融资成本要求,从而带来了债券市场的大发展。另外,这个阶段,我国的实体经济结构已经发生了深刻变化。2000年后,私营企业、中小企业越来越多地成为经济的生力军,产生了更为多样化的融资需求。在这样的经济结构和资金需求变化下,一些更适应中小企业和单体相对小额融资的融资方式应运而生,各种信托项目、银行表外业务、P2P等影子银行迅猛发展。

从我国金融结构演变的历史来看,在2007年之前我国的金融结构变化以及各领域的金融创新基本上是在政府主导下进行的,计划经济的色彩相对较浓。而从2007年开始,随着市场经济发展理念的深入人心,政府这只"看得见的手"对市场的干预逐步减少。在经济环境发生变化的情况下,金融领域的各类创新开始频频涌现,影子银行开始出现并大显身手,从而推动了金融结构的日趋多元化。特别是近年来,随着利率市场化进程的启动以及证券行业创新浪潮的涌起,非银行信用中介开始步入发展的快车道。

三、中国影子银行体系的风险暴露与审慎监管

(一)货币信贷限制、利率管制与影子银行体系的发展

我国影子银行体系迅速发展的原因有很多,但非常关键的一个因素是货币供应的限制。2009年后,我国实行了扩张性的货币政策,按

照传统金融理论,后续自然会引发通货膨胀和资产泡沫的问题。到2010年年末,我国货币政策逐渐收紧,国内银行面临强烈的信贷投放冲动与信贷额度限制之间的矛盾。

此后,中国人民银行开始进行宏观调控,主要是对我国正规的信贷加紧了约束,包括信贷额度配给、资本金约束、贷存比约束等一系列措施。而且,由于地方融资平台的债务风险,银监会从2010年开始进一步控制商业银行风险,要求银行对于到期的地方平台贷款利息,一律不得展期。逐步加强的调控力度使很多已经开展的地方政府项目后续资金得不到有效满足。银行开始通过影子银行体系以非信贷的方式来接济地方政府。各种各样的金融创新活动也被开发出来,银行理财产品、银证合作、票据信托、同业代付等创新型产品不断出现,实际上或多或少都扮演着影子银行通道的角色。

我国影子银行体系发展的本质是在信用供应受到限制、对信用需求仍然比较旺盛的条件下,在商业银行的资产负债表外去发展一个融资体系,从而满足信用供求之间的裂口。当商业银行把一系列的负债转移到表外后,其放贷行为就部分规避了贷存比、资本监管约束和存款准备金要求等限制。这样,商业银行就提供了自身的信用创造能力。

与其他类型的金融机构相比,商业银行在我国的金融体系中拥有最为庞大的客户基础,这使股票、债券、信托、保险等非银行类金融机构的产品在很多时候要借用商业银行的渠道和网络来销售。因此,在商业银行的资产负债表外,理财产品等促成了非银行类金融机构完成融资,也实现了商业银行的渠道价值。但是,如果商业银行为了规避监管,主动把资产和负债转移到表外,那它就脱离了对渠道价值的追求,而成为影子银行的一个重要内容。

影子银行体系的繁荣使传统银行的中介价值弱化,商业银行运作模式与收入模式也发生了一定改变。传统的"发放贷款—持有至到期"运作模式,已经向"发放贷款—证券化—发行"运作模式转变。相应的盈利方式也由"存贷利差"模式向"佣金"模式的转型。更高效的资本运用提升了银行的净资产收益率,延伸了商业银行的价值。但影子银行的高杠杆、高度的期限错配以及高关联性放大了金融市场的系统性风险,近期对影子银行的加强监管可能引致流动性冲击,而这是市场面临的主要威胁。

在金融制度上,促使我国影子银行发展的一个重要原因是利率管制。管制利率下的信贷需求远高于信贷供给,主要银行在银监会的协调下形成某种程度的寡头格局。在传统的寡头模型下,供给方会互相约定高价以获取最大利润,但是每个寡头都会有动机以较低的价格向市场供给产品,突破价格联盟限制,获得更高的利润。现在,国内的银行某种程度上正是通过突破利率管制,来实现更大的利润。因此从这个意义上说,如果要将影子银行纳入监管使风险可控,则需要利率市场化的推进。管制利率和市场化利率之间的空间越小,现有的影子银行存在的空间和意义也就越小。

(二) 影子银行体系下的期限错配与风险暴露

影子银行体系的风险可能在于两个层次:第一,资金来源、使用方面的错配所产生的流动性风险,这是一种"流量"风险,类似于利润表中利息保障比例之类的指标出现问题;第二,抵押品价值下降引发的资产负债率被动上升,这类似"存量"调整引发的风险,会引发信用违约风险溢价的跳升。此外,中国商业信用过度使用的风险也值得关注,单一企业资金链出现问题对整个上下游产业冲击的"传染效应"。在经济景气度回落中,企业间应收账款高企、过度担保盛行往往会放大冲击,尽管这未被纳入影子银行统计规模。

影子银行体系的高杠杆、高期限错配以及高关联性放大了金融市场的系统性风险。在经济繁荣期,影子银行可以依靠大量的短期融资从货币市场获得资金,推动资产价格和融资担保品价值的上升,使影子银行体系内资产负债的期限结构持续错配,杠杆率不断提高。更多的市场流动性被创造出来,进一步降低了融资门槛,促使经济更加繁荣或过热。而在经济下降期,出现类似于繁荣期的正反馈效应:市场流动性急剧萎缩。影子银行在缺乏存款保险制度或中国人民银行的最后贷款人制度的保护下,其高度的期限错配易受到流动性紧缩的冲击,高杠杆放大了系统性风险。

中国式的影子银行体系更多依附于传统商业银行,且不规范的资产证券化业务未做到有效的风险隔离,因此银行体系仍承担相关信用风险。这种体系中,信用风险未做到有效分散,并且某种程度上还放大了流动性风险。

不过,在关键性风险方面,中国影子银行体系的影响相对可控。目前,可能还没有构成真正的系统性风险。在流动性转换、信用风险转移和杠杆风险上面,中国影子银行体系的流动性整体比较充裕、杠杆化程度相对不高,给予交易的信用创造与信用风险转移机制尚未建立,信用风险指标整体乐观,抗风险能力较强。但是在期限转换方面,存款活期化、中长期贷款比率居高不下、理财产品短期化、投资长期化,以及票据和回购市场等货币市场短期交易活跃趋势,造成的期限错配风险在加大。在流动性转换方面,存贷比不断提高,银行体系面临前所未有的流动性风险。在信用风险转移方面,影子银行体系存在一些隐性风险。商业银行和信托公司对地方政府融资平台的支持,存在潜在的信用风险。投资在房地产行业的理财资金、信托贷款和委托贷款,如果房价下跌也将面临违约风险。这些风险因素很可能会加大影子银行体系甚至整个金融体系的信用风险敞口。因此,金融机构有必要进一步优化信贷资产结构和经济结构,促进金融创新,引导货币信贷平稳增长。

第三节　影子银行体系的审慎监管分析

一、影子银行体系的监管原则

影子银行体系涉及的金融领域众多,相应实行统一的监管措施是非常困难的,也是不太现实的。由于影子银行体系的各个部分具有不同的商业模式、风险特征,对系统性风险的贡献也不尽相同,所以实施差别化的监管是有效的。金融稳定委员会和国际货币基金组织等国际金融组织也指出,对影子银行体系的审慎监管需要遵循五个基本原则。

第一,重点性原则。金融监管当局需要针对影子银行体系的外部性和内在风险设计具体监管措施,并且还要关注这些措施可能造成的市场功能恶化等潜在影响。多样化的监管措施,可识别影子银行的风险。

第二,相称性原则。金融监管当局的监管措施要与影子银行体系的金融风险相对称,不能低估风险,实施过于宽松的监管政策。同时,也不能夸大影子银行体系的风险,实施过于严格的监管,因为过于严格的监管会使影子银行体系的边际成本变大,从而以更加隐蔽的存在形式来规避监管。

第三,前瞻性原则。关于影子银行体系风险的判断和评估要具有前瞻性和可调整性。不能仅仅关注当前的或者已经发生的影子银行风险,还要能够根据市场形势的变化来调整风险的测度,使监管具有较好的前瞻性。

第四,有效性原则。由于影子银行体系的风险在各个国家可能表现出不同的形式,所以金融监管当局在实施某项举措时,既要考虑本国金融结构和金融体系的内在特征,又要考虑与其他国家的协调,避免出现更多的跨境套利机会。

第五,评价与修正原则。金融监管当局需要定期评价监管措施的有效性,并根据积累的经验调整和改进措施。而且,各个国家和地区的金融监管当局需要经常交流经验,找到有效的监管方式,在协调的基础上不断修正。

二、影子银行体系的监管范围

由于传统银行通常是影子银行体系信用中介链的一部分,或者直接给影子银行提供支持,所以影子银行体系的风险很容易波及传统银行体系。影子银行体系信用中介的链条越长,透明度越低,影子银行体系的风险就会越大。而且,影子银行的很多活动也常常是出于监管套利的目的。

当然,影子银行从特定角度说是一类特殊的金融创新,它具有金融创新所拥有的基本特征,当前可能会以银行理财作为表现形式,在新的市场环境下可能会以另一种金融创新的方式出现。然而,并非所有正规金融体系之外的、非传统银行业务的金融创新,都应该划入可能引发系统性风险的影子银行的范畴。对于不会引发系统性风险的金融创新,金融监管当局应从调整社会融资结构的角度积极鼓励和推进。

对非传统银行业务的金融创新进行区别和细分,针对不同的风险特征实施差别化监管。其中,监管的关键环节应当是银行资金是否流入具有影子银行特征的机构,并促使其杠杆的扩张。金融监管当局对所有的非传统银行业务不能一概而论,应该根据金融创新的机构主体和风险特征等要素对其进行适当区分,实施有针对性的差别化监管。

例如,对于当前的一些理财产品,人们需要重点关注因业务定位的不清晰造成的积聚在银行体系内部的风险。另外,人们还需要关注理财资产划分不明确带来的流动性风险、刚性兑付带来的道德风险、法律关系不明确带来的法律风险等隐患。加强信息披露和投资者教育等监管措施可缓解这一系列的风险。

一方面,金融监管当局需要进一步扩大监管范围,尽可能覆盖所有可能产生系统性风险的行业领域。另一方面,为了提高监管的有效性,金融监管当局又需要收窄范围,把注意力集中在影子银行体系可能产生的、引起潜在崩溃的系统性风险和监管套利两个方面。

三、影子银行、货币政策与宏观审慎监管

现在有大量属于影子银行体系的金融机构、金融工具、金融市场、

金融中介出现。它们没有银行之名,但有银行之实。它们为社会提供信用,不触动货币供应,这是非常重要的区别。在不改变货币存量的情况下增加社会的信用供给,这是使中央银行调控显得被动、微观审慎政策不再起作用的原因。它超出了传统的那些货币政策和监管政策的视野。

影子银行体系通过金融稳定渠道对货币政策产生了系统性影响。货币政策一般是通过金融体系传导调控整体经济的,因此,金融体系的稳健程度直接影响着货币政策的实际实施效果。影子银行具有高杠杆率特征,并且游离于常规监管之外,给金融稳定带来了严峻的挑战。

目前,关于影子银行与金融危机的关系讨论很多,以《巴塞尔协议Ⅲ》为代表的新监管措施也陆续出台。但是,巴塞尔协议主要针对受监管的商业银行,影子银行的资本比率等不在其监管范围之内。影子银行的高杠杆行为对相关金融机构经营、资产质量等稳健性指标仍有着重要影响,并最终对货币政策构成挑战。当影子银行造成了系统性风险、引发金融危机时,中央银行往往是最后贷款人,其救助行为以及事后采取的宽松政策很可能对中长期通货膨胀和货币政策造成影响。

另外,影子银行与资产价格之间的关系也加大了货币政策调控的难度。影子银行与资产泡沫的形成密切相关。由于影子银行受传统货币政策调控的程度有限,其可能导致的资产泡沫加大了货币政策调控的难度。因此,影子银行体系的监管还需要与货币政策协调,需要纳入金融宏观审慎监管的框架。

第八章　逆周期宏观审慎监管工具的作用机制与运行原则

第一节　宏观审慎政策的实施过程与推进原则

一、宏观审慎政策的实施推进

2010年,美国率先颁布了新的金融监管改革法案,对金融市场进行更为全面的监管,以清除目前已经暴露的系统性风险,从而避免类似危机的再次发生。英国在2013年进行了积极的"双峰"监管模式改革,取得了良好的效果。欧盟成员国、日本等也积极展开了金融监管改革行动。虽然各国对金融监管改革的认识存在很多不同,但对于金融的宏观审慎监管却取得了很强的共识。

在国际层面,因金融危机而诞生的G20首尔峰会开始强调金融监管改革的重要性,并以金融稳定委员会作为相应的组织机构,协调全球的监管标准。在国家层面,在金融危机暂时缓解的今日,金融监管改革更加迫切地被提到各国重要的议程当中。G20首尔峰会明确提出,宏观审慎监管是运用审慎工具控制系统性风险,降低金融服务突然中断对实体经济造成的影响。宏观审慎监管一方面可以抑制金融失衡,降低系统性风险对实体经济部门的影响;另一方面,宏观审慎监管将整个金融体系当成一个有机整体。这样,金融监管当局可充分监测系统性风险,及时应对风险溢出和风险传染。中国也已经积极进行金融改革,开始构建逆周期的金融宏观审慎监管制度框架。

由于以往的金融监管主要着眼于单个金融机构稳健经营,以便维护金融稳定和提供消费者保护,而宏观审慎监管则主要从系统性风险、整体的角度,以防范金融危机及其对实体经济的危害。因此,各国现有的金融监管体制或框架,无法完全承担宏观审慎监管的要求。这就要求各国对传统的金融监管体制进行相应的改革,并构建宏观审慎监管框架。一些研究认为,传统的金融监管理念基于合约理论,所以通过采用资本监管的方法来维护单个金融机构的偿付能力,进而保护消费者。但2008年全球金融危机表明这一方法在防止金融危机方面的软弱无力。银行的挤兑模型表明,以风险资本要求为基础的传统金融监管体制并不能保证金融体系的整体稳定性。据此,他们提出了金融监管的系统观,同时建议应对传统金融监管体制进行改革,并建立、引入宏观审慎监管的框架和相应的政策工具。

二、宏观审慎政策的推进原则

宏观审慎政策的目标是平滑金融和信贷周期以防止系统性危机,并缓冲这些不利影响。宏观审慎监管工具体系是宏观审慎管理框架的重要组成部分,但不同国家根据自身经济和金融发展的情况,选择的宏观审慎工具可能并不相同。美联储在2013年7月2日批准了美国银行业执行《巴塞尔协议Ⅲ》的资本规定,承诺将制定针对华尔街大型金融机构的严厉新规,同时还将保护小银行免受这项新规的冲击。美联储经过投票批准在美国实施这项全球性规定,新规要求银行业持有更多用于支持自身业务的股权资本,以便银行具备更强的抗风险能力。

《巴塞尔协议Ⅲ》在美国获批后,从2014年开始正式分阶段实施。多数银行必须持有比现行制度要求高出两倍左右的核心资本,其目的在于降低银行业风险,并且保护纳税人的权益。

所有银行都要遵守新规定。新规定包括将银行核心一级资本的最低要求从2%提高到7%,其中,核心一级资本(包括普通股和留存收益)最低要求将从现在的2%提升至4.5%。一级资本金比率将在同一时间范围内从4%提升至6%。总资产超过100亿美元的银行中,已有95%达到了美联储一级普通股权资本充足率7%的最低要求,总资本缺口仅为25亿美元。《巴塞尔协议Ⅲ》引入了2.5%的资本留存缓冲,由扣除递延税项及其他项目后的普通股权益组成。一旦银行的资本留存缓冲比率达不到要求,监管机构将限制银行拍卖、回购股份和分发红利。这一机制可防止一些银行在资本头寸恶化时,肆意发放奖金和高红利。因此,新规定有利于建立一个更加安全的资本边际,使银行有更大的余地来应对经济衰退期的困难。

2007年2月28日,银监会发布的《中国银行业实施新资本协议指导意见》,标志着我国正式启动了实施巴塞尔协议的工程。按照我国商业银行的发展水平和外部环境,短期内我国银行业尚不具备全面实施巴塞尔新资本协议的条件。因此,银监会确立了分类实施、分层推进、分步达标的基本原则。

(一) 分类实施的原则

我国商业银行在资产规模、业务复杂性、风险管理水平、国际化程度等方面差异很大,因此,不同银行会受到不同的对待,不要求所有银行都实施《巴塞尔新资本协议》。银监会规定,在其他国家或地区设有业务活跃的经营性机构、国际业务占相当比重的大型商业银行,应自2010年底起开始实施《巴塞尔新资本协议》。如果届时不能达到银监会规定的最低要求,经批准可暂缓实施《巴塞尔新资本协议》,但不得迟于2013年年底。这些银行因此也被称为新资本协议银行。而其他商业银行可以自2011年起自愿申请实施《巴塞尔新资本协议》。

(二) 分层推进的原则

我国大型商业银行在内部评级体系、风险计量模型、风险管理的组织框架、流程开发建设等方面进展不一。因此,银监会允许各家商业银行实施《巴塞尔新资本协议》的时间先后有别,以便商业银行在满足各项要求后实施《巴塞尔新资本协议》。

(三) 分步达标的原则

《巴塞尔新资本协议》在商业银行使用敏感性高的资本计量方法上设置许多条件,其中涉及资产分类、风险计量、风险管理组织框架和政策流程等。全面达标是一个渐进和长期的过程。商业银行必须结合本行实际,全面规划,分阶段、有重点、有序推进、逐步达标。在信用风险、市场风险、操作风险三类风险中,国内大型商业银行应先开发信用风险、市场风险的计量模型;就信用风险而言,现阶段应以信贷业务(包括公司风险暴露、零售风险暴露)为重点推进内部评级体系建设。

第二节 宏观审慎政策工具的作用机制

一、宏观审慎政策工具的作用原理

时间维度的风险是隐藏在金融体系内而在不同时期表现出来的风险,具体表现为金融体系在时间上的顺周期性。多数的研究从资本监管要求、贷款损失拨备以及公允价值会计准则来分析金融体系的顺周期性,虽然这些外部规则较好地适应了传统金融业,但是其具有内在的顺周期特征。这种顺周期性在一定程度上强化了经济周期的波动性,从而造成了金融体系的不稳定(李文泓,2009)。

从资本监管上看,《巴塞尔新资本协议》所具有的风险敏感性使自身具有内在的顺周期性,这种顺周期性只能部分缓解而不能根本消除。在2010年11月的G20首尔峰会上获得正式批准的《巴塞尔协议Ⅲ》中,对资本充足率的顺周期性问题有一定的考虑,但是顺周期性问题并没有被避免或克服。在对资本充足率的要求上,在经济上行时放松,鼓励银行的信贷供给;在经济下行时收紧,使银行难以获得股权融资,不得不收缩资产负债表,要么低价出售资产使资产价格进一步下跌,要么减少信贷供给造成信用紧缩(谢平,2010)。

而且,银行在利润目标的驱使下,往往会采用更短期也更具有顺周期性的风险计量方法。《巴塞尔新资本协议》的风险价值计量方法根据资产的历史价格,估计未来一段时期内由于资产价格的不利变化而损失的可能性。在经济上行时期,资产价格的波动率不高,估计出的风险价值不高,对资本的要求相对也不高。但是在经济下行时期,资产价格的波动率较高,估计出的风险价值也较高,对资本的要求相对也会较高。并且《巴塞尔新资本协议》只考虑了银行机构的个体风险,没有考虑到整个银行业甚至金融体系的风险。这也促使更多国家关注逆周期资本缓冲的宏观审慎监管(Brunnermeier,2009)。

从贷款损失拨备来看,由于贷款损失拨备的计提存在一定的滞后,因此经济变动所带来的信用风险不能体现出来。经济上行时少提、经济下行时多提,使贷款损失拨备也具有顺周期性。在经济上行时期,贷款组合的信用风险不会体现出来,拨备计提相对就较少;在经济下行时期,贷款组合的信用风险将体现出来。这样,应该计提的贷款损失拨备就会增多,但此时银行的利润和资本压力很难为提高贷款拨备损失留下足够的空间。因此,构建具有动态性和前瞻性的逆周期拨备机制,也成为各国重点考虑的问题。

另外,公允价值会计准则的顺周期性,时常也会导致贷款损失拨备的顺周期性。由于公允价值会计准则加剧了资产负债表的波动性,加上缺乏对不活跃市场运用公允价值的指引,因而加剧了金融体系的顺周期性。在经济上行时期,当资产价格上涨时,公允价值会计准则下的资产市值将上升,引发市场参与者的抢购行为,使资产价格进一步上涨,造成市场的非理性繁荣;在经济下行时期,当资产价格下跌时,公允价值会计准则下的资产市值下跌,引发市场参与者的抛售行为。而抛售行为又使资产价格下跌,从而形成一种恶性循环。因此,在微观金融环境下看似合理的公允价值会计准则,在宏观环境下却会导致内在的不稳定,人们开始寻找缓解该准则顺周期性的方法。BIS 的部分宏观审慎政策工具,如表 8-1 所示。

表 8-1　BIS 的部分宏观审慎政策工具

项目	宏观审慎监管政策
风险度量	银行业根据经济周期数据估计风险,监管层通过系统脆弱性指标和压力测试构建宏观审慎监管的基础
会计准则	降低公允会计价值准则的顺周期性,开展动态准备金制度
资本要求	降低资本对经济周期的敏感度,对系统性风险进行资本计提
抵押品准则	对抵押品价值进行周期性评估和管理,通过动态贷款价值比减轻资产价格带来的波动
风险集中度限制	对资产风险暴露进行限额管理,或者增加额外限制
收益分配机制	减少经济上行期的分红,增加资本缓冲
保险机制	银行业缴纳存款保险
拯救机制	根据金融情况实施救助,在经济繁荣期进行更严格的控制

资料来源:根据 BIS 资料整理。

宏观审慎政策工具包含了多个层次、多个方面,可以从定量和定性的角度对其进行划分。例如,主要的定量宏观审慎政策工具包括逆周期资本缓冲、动态损失拨备等;主要的定性宏观审慎政策工具包括监管干预、道义劝告等。全球金融体系委员会和巴塞尔委员会按不同金融体系脆弱性的功能,将宏观审慎管理工具划分为杠杆率、流动性或市场风险、相互关联度。也有研究按按时间维度和空间维度来划分工具体系。其中,在时间维度方面,宏观审慎政策工具主要是应对金融体系中的顺周期问题,建立逆周期的监管政策工具和机制,如建立逆周期的资本要求、逆周期的拨备要求、逆周期的信贷要求等;在空间维度方面,主要是那些具有系统重要性地位的大型金融机构的政策监控。国际货币基金组织认为,对于不同的系统性风险,宏观审慎政策工具的适用性有一定的差异,因此按缓解金融体系系统性风险的功能,将实践中最常用的几种宏观审慎政策工具进行了分类,具体包括:限制信贷扩张的相关举措(如贷款价值比、债务收入比),外汇贷款限制,规定信贷额或信贷增长率上限;避免依赖短期或不稳定融资市场来支持贷款快速增长的措施(如外汇敞口头寸、货币错配限制)、期限错配限制和准备金要求;限制过度杠杆产生风险的措施,如逆周期资本要求、时变的动态拨备、利润分配的限制等(表8-1)。

二、不同类型宏观审慎政策工具的作用机制

(一) 逆周期资本缓冲政策

在金融不断发展的背景下,商业银行资本金监管产生的政策效应,已经渗透到许多原有货币政策工具无法达到的领域。自2008年的全球金融危机以来,理论界和实务界已经达成了很多共识,认为引入逆周期资本缓冲政策是适宜的。逆周期资本缓冲可以促使银行业在经济上行时期增加资本,建立资本缓冲,以便在经济下行时期使用。引入逆周期资本缓冲政策主要有几个作用:第一,在经济上行期抑制银行信贷的过度增长,在经济下行期缓解银行信贷的收缩,从而在一定程度上减弱银行信贷对经济周期波动的放大效应,同时进一步抵消协议的顺周期效应;第二,缓解因为金融失衡而形成的潜在系统性风险,降低系统性金融危机发生的概率;第三,在经济上行期可以更低成本筹集资本,从而更容易地应对金融危机。

实行资本充足率的逆周期监管,也就是允许商业银行在经济周期的不同阶段持有不同数量的资本,缓解资本监管的顺周期性效应,保持商业银行的稳健经营。在经济扩张阶段,商业银行要求增加资本金的持有,以应对经济衰退期可能出现的未预期的损失。而在经济衰退阶段,允许商业银行减少资本金的持有,增加贷款投放,防止过度的信贷紧缩,缓解经济衰退的程度。2008年,银监会要求所有银行提取2%的留存资本缓冲。2009年,银监会又要求大型商业银行再次增加0.5%的逆周期资本缓冲,以应对经济衰退期或有的损失风险和资本困

境。2009年,银监会结合系统重要性资本附加要求和逆周期管理要求,将我国五家大型银行(中国工商银行、中国建设银行、中国农业银行、中国银行和交通银行)的最低资本充足率提高至11.5%。这一监管要求大大高于以往8%的资本充足率标准,也与2010年推出的《巴塞尔协议Ⅲ》具有相当的一致性。中国银行业由于以往的利润积累,已经具备了先行一步的条件,监管的成果也有待进一步检验。

(二) 贷款损失拨备制度

动态损失拨备制度是指在经济周期的繁荣阶段,银行财务状况较好时,增加银行的贷款损失拨备,用于弥补经济衰退阶段的损失吸收,从而降低经济波动、弱化经济周期对银行体系的影响。我国金融监管部门对银行的损失拨备制度实施"以丰补歉"的指导方针。例如,在2009年信贷激增、经济形势较好、金融机构盈利较好的局面下,我国连续两次提高了贷款损失拨备率:从100%上升到130%,再上升到150%。这种动态损失拨备制度可以较好地吸收经济衰退时期的预期损失。

较早实施贷款损失拨备制度的国家是西班牙。西班牙在2000年开始就引入了动态贷款损失拨备规则,并在2004年进行了适应性调整。虽然该规则有助于建立逆周期资本缓冲加强银行在危机期间的偿付能力,但对信贷增长的影响较为有限。并且当最终的贷款损失超过预期损失时,依赖历史时间系列确定的规模可能使缓冲区太小。例如,在2008年的全球金融危机期间,西班牙银行提取的动态拨备只能抵消其在2008年和2009年大约一半的贷款损失。墨西哥在2010年也引入向前的贷款损失拨备制度。巴西在2005年引入逆周期的动态拨备来抑制潜在失衡的增加,并在2010年12月提高汽车贷款的LTV风险权重,以抑制需求的快速增长。初步的数据显示,这一举措提高了汽车的贷款利率,并减缓此类信贷供给,取得了良好的效果。保加利亚在2005年引入对家庭贷款的较高特定损失拨备。哥伦比亚在2007年引入该工具来抑制信贷增长、减少顺周期性。克罗地亚在2004~2006年要求,对过度的信贷增长提取超额拨备,以抑制信贷增长、减少顺周期性。印度提取的一般拨备在2005年从0.5%上调到0.4%,2006年调整为1%,2007年调整为2%。国际社会已经对贷款损失拨备制度进行了逐步深入的实践和改革,并取得了良好的效果。

(三) 贷款价值比政策

贷款价值比(LTV)是贷款与抵押房地产价值的比值,是金融机构向消费者提供贷款的指标。LTV指标越低,消费者交付的现款越多,金融机构的贷款安全性也越高。反过来,LTV指标越高,消费者交付的现款越少,金融机构的贷款安全性也越低。在我国房地产价格上涨过快、房地产市场泡沫化迹象日益明显的情况下,房地产价格的动荡对银行体系稳定的威胁不断加大。在这种情况下,为了达到宏观审慎监管的目的,我国已经开始实施动态LTV。例如,在2007年经济过热的情况下,银监会要求商业银行将贷款价值比从70%下调到60%,同时还规定,二套贷款首付比例不得低于40%。2010年4月,中国对房地产贷款采取了更为严格的管控措施,要求商业银行实行差别化的个人住房贷款政策,并针对不同情况提高住房贷款首付比例和利率水平,严格房地产开发贷款条件,在此基础上还要求商业银行根据风险状况,暂停发放购买第三套及以上的住房贷款。

多个国家和地区的实践表明,贷款资格标准相关的工具能有效地遏制与信贷繁荣相关的贷款恶化。例如,Wong(2011)将1998年受亚洲金融危机影响的中国香港地区的银行业恢复,归因于引入积极管理的LTV和DTI限制;到2010年第三季度,当房屋价格相比2007年第二季度上涨45%时,中国香港地区又再次采取更细化的LTV和DTI限制。韩国也有与中国香港地区类似的经验,亚洲金融危机后,韩国政府扩张型的政策导致信贷繁荣,之后分别在2002年、2005年引入LTV和DTI宏观审慎工具,成功地阻止房地产市场投机。此外,马来西亚早在1995年就引入了LTV宏观审慎工具来抑制资产价格泡沫；泰国分别在2003年、2004年引入LTV和DTI宏观审慎工具来减少房地产市场周期性；哥伦比亚在1999年底为限制家庭对银行的违约风险，将LTV控制在70%，DTI控制在30%，从而有效地减少了不良贷款率；意大利在2007年引入LTV宏观审慎工具来减少房地产市场借贷的周期性；新加坡在2010年引入LTV宏观审慎工具来确保房地产市场的稳定、减少投机性需求。

一些亚洲和拉丁美洲国家将宏观审慎工具（如LTV）和其他的政策（如货币和财政政策）一起使用，如新加坡，在降低LTV时，也对房地产施加税收，以控制快速的信贷增长和房地产部门的资产价格膨胀。LTV政策，已经成为各国宏观审慎监管框架中非常重要的一个工具，其政策效果非常明显。

第三节 宏观审慎政策工具的运行规则

一、宏观审慎工具的政策规则与相机抉择

政策规则与相机抉择的争论源于货币主义和凯恩斯主义在政策制度上的不同视角。在任何类型的宏观经济政策和金融监管中，政策规则都是其重要组成部分。政策规则会对政策的实施产生十分显著的影响，所以监管部门历来都十分重视政策规则的设计。一直存在着货币政策基于规则，还是基于相机抉择的争论，这也是货币政策数十年来研究的热点（张敏锋、王文强，2014）。

一些研究认为宏观审慎政策工具的使用规则有许多优点：第一，它将促使人们思考宏观审慎政策该如何组织；第二，它将增加宏观审慎政策决策的透明性和与公众交流的方便性，使政策制定者从政策调整的压力中解脱出来。特别是在经济扩张的阶段，任何相机抉择式的收紧政策都将受到挑战。一些研究提出，由于金融系统内部以及金融

与实体经济之间的关系异常复杂,许多系统性风险都是内生的,早期预警指标难以设计,而宏观审慎政策又必须在系统性风险变成实际危机之前采取行动,所以完全基于规则的宏观审慎政策是难以实现的(方意,2013;王作文,2013)。

与此同时,他们又认为由于系统性风险监测的不确定性,相机抉择的规则会使监管部门在实施宏观审慎政策时面临巨大的压力,许多措施将由于利益集团的反对而难以实施,政策也由于缺乏规则无法很好地与社会大众交流(文洪武,2012)。

不同经济体所处的发展阶段、所面临的系统性风险来源与监测能力、对监管成本的忍受度以及其监管的强度和控制力都有所不同,各国宏观审慎政策工具的使用规则肯定有所区别。Lim(2011)根据各国的实际情况,从更广的视角提出了宏观审慎政策工具的使用规则。第一,政策工具可以单独使用或者联合使用。单独使用便于评估政策效果,同时政策成本较低;联合使用则便于评估政策效果。第二,政策工具或者无特定目标,或者有特定目标,无特定目标通常影响巨大,但副作用也大。特定目标需要大量的微观数据,而且管理成本和管理水平要求都比较高。第三,政策工具固定使用或随时间变化使用,固定使用无须识别经济周期、管理成本较低,但无法进行逆周期调节,在快速变化的环境下此类调节容易失效。第四,政策工具使用基于规则或相机抉择,基于规则通常能够提高宏观审慎政策的透明性,有利于稳定社会公众的预期,但相机抉择往往能够在不同的环境中有所作为。

另外,一些研究也强调宏观审慎政策要与其他政策合作,与其他政策的配合能够提高宏观审慎政策的效果,但也会导致一定程度上的政策冲突。有学者认为基于规则的方法可以减少由金融失衡判断的不确定性而带来的社会成本,提高政策的有效性。如果宏观经济形势和金融周期的异常变动,表明了规则的设计存在缺陷或有效性降低,我们可以通过相机抉择的政策措施进行实时调整。同时,灵活的政策还难以被市场主体规避,很难发生监管套利,因而两种方法的相互补充是非常必要的。

二、宏观审慎政策工具的有效性维护

宏观审慎政策的目标是维护金融稳定,而货币政策的目标是维护价格稳定。人们的普遍共识是,货币政策工具(如中央银行的货币供应等)理应以物价稳定为政策目标;而其他工具,诸如随时间变化的逆周期资本缓冲,应运用于宏观审慎政策且以实现金融稳定的目标。这种分配原则与有效市场分类假说是一致的,这种分配原则限制了各种政策之间的相互配合。在实践中,两个政策目标分别拥有两种政策工具箱,未必造成政策目标之间的冲突和隔阂,可能正好相反,政策工具之间的互补带来了合作共赢。相关文献也指出,当政策效用的外溢性足够大时,不同政策手段之间的相互补充和合作就显得尤为必要(宋玉颖、刘志洋,2020)。

具有逆周期特征的货币政策工具和宏观审慎政策工具,在作用范围和关注点上是不同的。前者主要针对整体经济状况和总量问题,后者则直接作用于金融体系的顺周期波动和风险传播。也正是由于这种差异的存在,两者应该配合使用,相互补充、互相强化。

尽管宏观审慎监管政策与货币政策的相互结合有利于金融稳定,但是实施过程中的货币政策操作也面临许多困难。从操作层面来看,宏观审慎的具体目标需要从两个维度进行阐释,正如一些研究提出的跨行业维度与时间维度。跨行业维度的关键是如何处理金融机构间共有且相关的风险,这些风险产生的原因可能是金融机构直接暴露于相同或相似的资产类别风险,也可能是金融机构之间业务交叉所导致的间接风险暴露,需要防止特定时点风险在金融网络中的传播及对结构变化的影响。一项成功实施的宏观审慎监管可以降低金融的系统性风险,从而保证货币政策的传导机制能够顺利进行。同样,一种良好的货币政策将影响金融市场条件,或者影响企业的资产负债表,从而促进金融系统的稳定性。因此,宏观审慎监管政策和货币政策之间是可以相辅相成的。

例如,宏观审慎监管的一个重要部分是构建逆周期的资本缓冲政策。中国人民银行自 2013 年开始就已经积极实施了这一政策。从资本监管上看,巴塞尔协议所具有的风险敏感性使其具有内在的顺周期性,这种顺周期性只能部分缓解而难以根本消除。最新的《巴塞尔协议Ⅲ》对资本充足率的顺周期性问题进行了一定的考虑,但是顺周期性问题并没有被避免或克服。对资本充足率的要求,在经济上行时放松,鼓励银行的信贷供给;在经济下行时收紧,银行难以获得股权融资,不得不收缩资产负债表,要么低价出售资产使资产价格进一步下跌,要么减少信贷供给使信用紧缩。

中国的金融系统是以银行为主导的结构,银行信贷对经济发展有着极其重要的影响。货币政策的传导和宏观审慎监管政策的传导实际上都要通过银行体系实现。货币政策中的利率工具、存款准备金工具等的作用都需要通过银行来发挥,而宏观审慎政策中的资本缓冲机制、贷款损失拨备、贷款价值比等工具也都是通过银行渠道来完成的。

综合来看,金融监管当局应从物价稳定和金融失衡的双重视角来系统评估宏观审慎监管和货币政策。在特定的经济阶段,如果金融失衡较为严重,就必须考虑使用货币政策进行总量调节。当经济出现过热现象时,货币政策如果仍然保持宽松的刺激,那么任何对应的宏观审慎政策工具可能都会失去作用。成功的宏观审慎监管需要依靠中央银行审慎的货币政策。

第九章　中国金融宏观审慎监管可能的改革方向与政策建议

第一节　金融宏观审慎监管框架理念革新

一、英美宏观审慎监管新框架的借鉴

美国金融监管体系遵循《格拉斯—斯蒂格尔法案》，金融业处于"分业经营、分业监管"模式。在这样的金融监管框架下，监管重叠且成本高昂，监管部门信息掌握不足。不同监管机构之间缺乏有效协调，对行业之间的风险控制能力有限，特别是不能有效监管累积的系统性风险、"大而不倒"金融机构以及影子银行体系。

美国的金融监管改革中，先后有了《现代化金融监管构架改革蓝图》《金融监管改革框架》《金融监管改革：新的基础》三项法案。美国财政部逐步精简机构并完善全面监管，在原有微观审慎基础上加强了宏观审慎监管，强调解决系统性的金融风险。2010年7月，正式签署的《多德—弗兰克华尔街改革与消费者保护法》，标志美国金融监管改革法案正式纳入法律体系。该法案从宏观审慎角度出发实施多项措施、共同防御系统性风险，设立由财政部主管的金融稳定监督委员会(FSOC)并履行宏观审慎职能。

英国现有金融监管框架主要基于其2000年颁布的《金融市场与服务法案》而构建。该法案将英国的10家监管单位整合为金融服务管理

第九章 中国金融宏观审慎监管可能的改革方向与政策建议

局,其与财政部、英格兰银行共同对英国金融业实行监管。在这个框架中,英格兰银行主要进行宏观经济分析,实施货币政策;金融服务管理局针对银行和金融投资公司实施"零失败"监管,而财政对国内经济进行宏观调控。在原有三方监管框架中,虽有涉及宏观审慎监管的职能,但是没有设计必要的监管工具来管理系统性风险。金融服务管理局有能力影响单个金融机构提供信用的方式,但宏观或系统性监管和这些活动没有任何联系。因而,审慎监管需要一个新的方法,将机构监管与宏观经济风险的鉴别联系在一起,进而控制信贷对经济的投放(刘子禹、杨艳琳,2020)。

根据《2009年银行法》,英国在宏观审慎监管方面做出了努力,法案要求成立隶属于英格兰银行的金融稳定委员会,让它负责识别系统性风险并制定和实施金融稳定策略,其地位与货币政策委员会相当。英国财政部公布的《改革金融市场》规定,成立金融稳定理事会,取代之前的三方常务委员会,负责加强对风险的识别和对市场参与者行为的引导。金融稳定理事会定期对英国金融体系中,各种导致经济下行的风险进行评估和报告,帮助金融机构、监管部门和普通家庭管理和防范这些风险。2010年财政部进一步发布了《金融监管的新方法:判断、焦点及稳定性》。该文件调整了金融改革框架,涵盖了英格兰银行履行宏观审慎监管职能,在英格兰银行内部成立金融政策委员会专门负责宏观审慎工作等内容(金成晓、姜旭,2020)。

政府在英格兰银行内部设立两个机构,分别是金融政策委员会和审慎监管局。其中,金融政策委员会由6名英格兰银行高管、5名银行外人员构成,负责监督整个金融系统,识别影响金融稳定的隐患因素,采取相应措施消除脆弱性和金融失衡问题,保护更广泛意义上的经济稳定。审慎监管局主要通过对金融机构的监督来促进金融稳定,将单个金融机构破产对金融系统产生的影响降至最低。此外,英国政府还成立了专门的消费者保护与市场管理局(CPMA),其主要职能是提高人们对金融服务和市场的信心。

二、宏观审慎管理框架的理念变革

在《巴塞尔协议Ⅲ》实施的过渡和实践期内,政府和有关金融监管当局应当允许围绕系统性风险的防范,建立和健全较为完善的宏观审慎监管框架;除了继续采取措施,不断完善现有的顺周期性和系统重要性金融机构的监管外,还应在监管法律和法规制定方面不断创新,以求逐步消除由系统性风险形成和积聚的根源。

与英美相比,中国的宏观审慎监管框架亟须监管理念的变革(宋科、邵梦竹,2020)。例如,中国的监管理念中,宏观审慎政策缺少财政部门参与。一国金融体系的稳定与政府财政能力密切相关,不少经济体的宏观审慎管理框架中,财政部都占据重要位置。这不仅因为财政部在使用公共资金、维护金融稳定过程中担当重要角色,也因为货币政策需要财政政策的配合才能更加有效。人们经常借鉴英国的改革经验,强调2008年金融危机爆发后英国金融监管架构的改革强化了英格兰银行的责任和权力,但往往有意无意地忽略了英国财政部的作用。尽管英国中央银行具有很强的独立性,但英国财政部具有更高的政治地位,英国财政部长的地位大体上与副首相相当。在动用公共资金进行危机救助方面,财政部是英国法律授权的唯一决策机构。金融监管架构调整需要从我国现实出发,分阶段逐步推进。近期重点应该是解决信息沟通不畅、监管真空问题,建立科学决策机制。

另外,我国金融监管当局不断加强危机管理和建设系统性风险处置机制,积极构建系统性风险防范的长效机制。中国人民银行强化最后贷款人职能,通过多种措施化解金融机构风险,包括发放紧急贷款、风险处置再贷款等,发挥中国人民银行在宏观调控和维护金融稳定中的重要作用。在借鉴国际金融监管经验的基础上,建立存款保险制度和建设市场化机制,我国也已经多次完善存款保险制度。危机管理和系统性风险的处置框架,也需要结合我国的实际情况尽快制定出具体措施。

第二节 基于资产价格视角的宏观审慎工具动态化改革

一、对动态宏观审慎工具的创新

在宏观审慎工具的改革上,运用动态化工具是一个较好的改革方向。根据前文的分析,贷款价值比在抑制资产价格泡沫、防止系统性风险累积等方面都具有很好的作用。因此,如果运用得当,那么设置动态的贷款价值比是非常理想的。设置动态贷款价值比率限制,主要是为了规避金融机构房地产业务的顺周期风险。贷款价值比比值越低,消费者交付的现款就越多,金融机构的贷款安全性就越高。

实践表明,银行房贷业务的最大威胁就是容易受到经济周期波动的影响。经济扩张时期,个人收入的增加以及购房需求的扩大使房价预期上升。银行机构对未来房价的上升趋势持乐观态度,从而低估放贷风险,提高贷款价值比来吸引客户,争抢市场份额。随着泡沫的不断积聚,经济周期达到峰值并出现拐点,失业率上升、居民收入减少,房屋需求的大幅下降导致房价下跌。违约率上升导致银行资产负债表受损,为了规避风险银行开始紧缩贷款而降低贷款价值比,最终造成宏观经济流动性短缺,进一步加深经济衰退。为了防止银行房贷行为的这种顺周期性导致的经济和房屋市场恶性循环,我国银监会开始实施动态贷款价值比,在经济过热时下调贷款价值比,并采用价值扣减机制,以此保证银行机构贷款的安全性,降低房贷风险。动态的贷款价值比设置规则非常值得研究。

在动态拨备制度、差别存款准备金制度等问题上,动态的工具创新将是十分有益的尝试。例如,差别存款准备金的动态调整综合了存款准备金制度、资本充足率要求以及存款保险制度等思想,体现了监管部门对货币政策与金融稳定的综合考虑。但是,监管部门若要将宏观审慎监管框架、信贷调控和流动性管理有机结合，就必须在运用差别存款准备金时，辅以存款准备金率、利率、汇率、公开市场操作等常规性政策工具，形成政策工具"组合拳"。逆周期宏观审慎工具都具有动态的特点，从动态的视角来看待是较为合理的做法。

二、对系统重要性机构的监管创新

目前，关于系统重要性银行的监管在国际金融界也属于较新的问题。相关规则如监管框架的构建、政策工具的搭配等都处于广泛探讨和实践试行阶段。对于我国而言，如何界定哪些机构是系统重要性金融机构，目前还没有明确的法律层面的规范。五大国有商业银行由于市场份额占了整个银行体系的一半以上，因此属于我国的系统重要性金融机构，此外，其他股份制商业银行（例如，招商银行和中信银行）以及农村信用社等，因为具有广泛性布局和全局性影响，也受到了监管机构的高度关注。

2008年全球金融危机爆发后，中国人民银行和银监会等金融监管当局将工作重心放在了对这些机构的监管方面：实施了以"腕骨"风险指标为核心的非现场监管体系，逐步确定"腕骨"风险指标值并纳入银行内部考核管理，实行单一法人和集团并表双重考核，形成了系统性监管标尺；建立了对系统重要性金融机构的额外资本和流动性要求，加强对其资本数量和质量的控制；积极防止金融风险在不同市场之间的传递和蔓延，加强银行、证券、保险各行业的信息共享和监管协调机制。

第三节 经济周期波动与宏观审慎监管的内外协调机制

结合经济周期波动，建立金融宏观审慎监管的国内外协作机制，将起到越来越大的作用，这可能是一个监管改革创新的方向。除了国内与货币政策、财政政策的协调外，国际上与国际金融组织和各国宏观审慎监管机构之间的合作也将非常重要。

在国际协作上,要明确母国和东道国的责任和义务,在公认的国际监管标准和准则的基础上开展监管合作工作,以达到监管的一致性,更多地消除监管套利。近年来,我国商业银行跨国经营出现了快速发展的势头,对我国金融监管当局开展国际监管合作也提出了非常紧迫要求。巴塞尔银行监管委员会于2001年5月发布了《加强银行监管者之间合作声明书的基本要素》。

有效的监管合作必须要具备四个基本要素:信息分享、现场检查、信息保护和持续协调。在授权和颁发执照过程、持续监管活动和处理有问题的金融机构时,东道国监管机构应该与母国监管机构信息共享、互相提供监管信息。相互通报对跨境机构运作产生重大影响的变化事项,相互通报对跨境机构采取重大行政处罚措施与其他强制行为。母国和东道国监管机构在进行现场检查时,需要加强两者之间的合作,促进两国监管机构人员的交流和培训,建立定期协商机制。

在国际协调上,要充分发挥G20金融稳定委员会的作用,使之成为各国中央银行和政府监管机构讨论的平台。并加强与国际清算银行、国际货币基金组织的联系,研究开发相关分析资源和政策工具以满足宏观审慎监管的需要。中国人民银行与各金融监管部门,要通过加强与国际货币基金组织、世界银行、金融稳定理事会、国际证券委员会组织、巴塞尔银行监管委员会等国际金融组织的有效协调,建立起与国际标准与准则相协调、相适应的金融监管指标体系和管理体系,并在此基础上加强与各国金融监管当局的沟通与协作,提高国际金融监管合作的效率。同时,我国相关部门要积极向国际金融组织及标准制订机构提出建议,使国际标准与准则更好地反映中国金融机构的实际情况,增强以中国为代表的广大发展中国家的话语权,以平衡国际金融监管中的国家地位不对等问题。

第四节 不足之处与未来研究方向

由于宏观审慎政策的发展较为迅速,本书还存在较多的不足之处。例如,研究的系统性不足,一些新的计量技术和方法也可以运用到研究中来。在资产价格波动与系统性风险的问题上,还有很大的开拓空间,例如,进一步分析货币政策与宏观审慎政策的机制将有助于本书研究水平的提升。另外,《巴塞尔协议Ⅲ》在中国推进、实施,随着时间的推移,会有各种新情况出现,这些新情况是值得挖掘和跟进的。对于影子银行体系、资产价格泡沫消除等需要宏观审慎政策支持的部分,还可以进行更为深入细致的研究,这对于未来金融体系的稳定性具有较好的启示作用。

通过相应的宏观审慎工具来限制系统性风险的积累,从而维护整个金融体系的稳定性,是金融宏观审慎监管政策的首要目标。但宏观审慎监管只是其中的一个手段,宏观审慎监管政策与货币政策、财政政策的协调和配合使用,才能真正维持整个金融体系的平衡和稳定。在未来的研究中,宏观审慎监管政策与货币政策的协调、与财政政策的搭配等还需要深入研究。另外,宏观审慎监管是否会带来风险的转移,与金融创新之间的关系、动态的贷款价值比设置规则等问题,都是值得探索和研究的。

参 考 文 献

[1] 巴塞尔银行监管委员会(BCBS).第三版巴塞尔协议改革最终方案[M].北京:中国金融出版社,2020.

[2] 巴曙松,孙兴亮,朱元倩.如何应对"大而不倒"问题?:基于软预算约束理论的视角[J].国际经济评论,2012(4):73-84.

[3] 巴曙松,朱元倩,金玲玲.巴塞尔Ⅲ与金融监管大变革[M].北京:中国金融出版社,2015.

[4] 本·伯南克,李志军,司马亚玺.系统重要性金融机构、影子银行与金融稳定[J].中国金融,2012(12):29-31.

[5] 陈雨露,马勇.宏观审慎监管:目标、工具与相关制度安排[J].经济理论与经济管理,2012(3):5-15.

[6] 方意.中国宏观审慎监管框架研究[D].天津:南开大学,2013.

[7] 樊莉.后危机时代的中国金融宏观审慎监管研究[M].天津:南开大学,2012.

[8] 冯涛.房地产价格与货币政策调控研究[J].西安交通大学学报(社会科学版),2014(1):15-21.

[9] 高然,龚六堂.论房价波动的区域间传导:基于两地区DSGE模型与动态空间面板模型的研究[J].华东师范大学学报:哲学社会科学版,2017(1):154-163.

[10] 何德旭,吴伯磊,谢晨.系统性风险与宏观审慎监管:理论框架及相关建议[J].中国社会科学院研究生院学报,2010(6):1-10.

[11] 侯成琪,黄彤彤.影子银行、监管套利和宏观审慎政策[J].经济研

究,2020,55(7):58-75.

[12] 胡继晔,李依依.中国宏观审慎逆周期监管指标初探[J].宏观经济研究,2018(5):20-33.

[13] 胡利琴,王安东,常月.影子银行、宏观审慎政策和金融监管[J].金融经济学研究,2018,33(6):22-35.

[14] 黄亭亭.宏观审慎监管:原理、工具及应用难点[J].中国金融,2010(12):40-41.

[15] 黄志刚.资本流动、货币政策与通货膨胀动态.经济学(季刊),2010,(4):1331-1358.

[16] 姜华东.金融周期、大而不倒与银行业宏观审慎监管改革[J].华东经济管理,2014(3):86-90.

[17] 姜懿格.《巴塞尔协议Ⅲ》对我国商业银行监管制度的启示[J].西部学刊,2021(11):62-65.

[18] 金成晓,姜旭.货币政策与宏观审慎政策双支柱调控模式下政策协调及其适用性研究[J].财经论丛,2020(5):43-53.

[19] 李扬.影子银行体系发展与金融创新[J].中国金融,2011(12):31-32.

[20] 李扬,胡滨.金融危机背景下的全球金融监管改革[M].北京:社会科学文献出版社,2010.

[21] 李建军.影子银行体系监管改革的顶层设计问题探析[J].宏观经济研究,2011(8):5.

[22] 李建强.宏观审慎框架下的银行资本监管及其最优规则:基于"双重道德风险"的动态随机一般均衡分析[J].金融监管研究,2020(4):1-19.

[23] 李伟航,许玲.宏观审慎监管政策工具有效性研究:基于DSGE模型的实证分析[J].东南大学学报(哲学社会科学版),2018,20(6):76-89.

[24] 李文泓.关于宏观审慎监管框架下逆周期政策的探讨[J].金融研

究,2009(7):7-24.

[25] 李文泓.关于我国商业银行资本充足率顺周期性的实证研究[J].金融研究,2010(2):147-157.

[26] 李文泓.行业宏观审慎监管:思路和政策框架[J].中国金融,2010(13):40-42.

[27] 李波,伍戈.影子银行的信用创造功能及其对货币政策的挑战[J].金融研究,2011(12):77-84.

[28] 李妍.宏观审慎监管与金融稳定[J].金融研究,2009(8):52-60.

[29] 李宗怡.资产价格波动周期与信贷关系的实证研究[J].当代财经,2011(8):54-65.

[30] 梁斌,李庆云.中国房地产价格波动与货币政策分析:基于贝叶斯估计的动态随机一般均衡模型[J].经济科学,2011(3):17-32.

[31] 梁璐璐,赵胜民,田昕明,等.宏观审慎政策及货币政策效果探讨:基于DSGE框架的分析[J].财经研究,2014(3):94-103.

[32] 梁琪,李政,卜林.中国宏观审慎政策工具有效性研究[J].经济科学,2015(1):5-17.

[33] 廖岷,孙涛,丛阳.宏观审慎监管研究与实践[M].中国经济出版社,2014.

[34] 刘仁伍.宏观审慎管理:框架、机制与政策[M].北京:社会科学文献出版社,2012.

[35] 刘斌.资本充足率对我国贷款和经济影响的实证研究[J].金融研究,2005(11):18-30.

[36] 刘斌.我国DSGE模型的开发及在货币政策分析中的应用[J].金融研究,2008(10):1-21.

[37] 刘子禹,杨艳琳.银行业竞争、风险承担与货币政策:兼论"双支柱"协同问题[J].宏观经济研究,2020(10):17-31.

[38] 骆祚炎,肖祖星.货币政策逆周期调控资产价格有效性的FCI检验:兼论宏观审慎监管框架的建立[J].上海金融,2013(6):46-51.

[39] 吕江林,申屠廉盛,黄哲.宏观审慎政策与货币政策搭配的最优工具选择研究[J].金融与经济,2021(5):4-15.

[40] 马骏,何晓贝.货币政策与宏观审慎政策的协调[J].金融研究,2019(12):58-69.

[41] 马勇.基于金融稳定的货币政策框架:理论与实证分析[J].国际金融研究,2013(11):4-15.

[42] 马新彬.宏观审慎政策协调机制[J].中国金融,2016(1):62-63.

[43] 苗文龙,闫娟娟.系统性金融风险研究述评:基于宏观审慎监管视角[J].金融监管研究,2020(2):85-101.

[44] 聂召.风险预警_信贷危机与宏观审慎管理策略研究[M].天津:南开大学,2013.

[45] 潘敏,周闯.宏观审慎监管、房地产市场调控和金融稳定:基于贷款价值比的 DSGE 模型分析[J].国际金融研究,2019(4):14-23.

[46] 裘翔,周强龙.影子银行与货币政策传导[J].经济研究,2014(5):91-105.

[47] 盛雯雯,栗亮.货币政策与宏观审慎政策协调配合的研究评述[J].国际金融研究,2019(4):24-34.

[48] 宋科,邵梦竹.中央银行与宏观审慎政策有效性:来自 121 家央行的经验证据[J].国际金融研究,2020(6):44-53.

[49] 宋玉颖,刘志洋.金融开放下宏观审慎监管调控金融体系失衡的有效性研究:基于 IMF 2000 年至 2013 年调研数据的实证分析[J].当代金融研究,2020(3):27-36.

[50] 宋玉颖,刘志洋.Basel Ⅲ框架下中国银行业宏观审慎监管工具研究.经济科学出版社,2019.

[51] 谭政勋,王聪.中国信贷扩张、房价波动的金融稳定效应研究:动态随机一般均衡模型视角[J].金融研究,2011(8):57-71.

[52] 唐红娟.影子银行体系:功能、脆弱性与监管改革[M].北京:知识产权出版社,2012.

[53] 唐建伟,夏丹.强化房地产金融宏观审慎监管[J].中国金融,2021(2):90-91.

[54] 王爱俭,王璟怡.宏观审慎政策效应及其与货币政策关系研究[J].经济研究,2014(4):17-31.

[55] 王朝阳,王文汇.中国系统性金融风险表现与防范:一个文献综述的视角[J].金融评论,2018,10(5):113-126.

[56] 王晨姝.我国宏观审慎监管问题研究:以信贷扩张为视角[D].大连:东北财经大学,2013.

[57] 王达,周映雪.随机森林模型在宏观审慎监管中的应用:基于18个国家数据的实证研究[J].国际金融研究,2020(11):45-54.

[58] 王刚,李丹丹. 浅析宏观审慎监管与宏观经济政策的基本关系[J].浙江金融,2011(5):17-19.

[59] 王国刚,胡滨.宏观审慎监管理论及实践研究[M].北京:中国社会科学出版社,2013.

[60] 王华庆,李良松.中央银行历史沿革对我国建设现代中央银行制度的启示[J].清华金融评论,2020(5):61-66.

[61] 王亮亮,苗永旺.货币政策、宏观审慎政策与资产价格[J].国际金融,2013(2):66-70.

[62] 王晓,李佳.金融稳定目标下货币政策与宏观审慎监管之间的关系:一个文献综述[J].国际金融研究,2013(4):22-29.

[63] 王云清,朱启贵,谈正达.中国房地产市场波动研究:基于贝叶斯估计的两部门DSGE模型[J].金融研究,2013(3):101-113.

[64] 王作文. 宏观审慎理论与实证分析[D].长春:吉林大学,2013.

[65] 文洪武.金融宏观与微观审慎监管协调机制研究[D].天津:天津财经大学博士学位论文,2012.

[66] 吴培新.资产价格泡沫、货币政策和宏观审慎监管:最新研究进展[J].上海金融,2011(5):53-59.

[67] 谢平,邹传伟.金融危机后有关金融监管改革的理论综述[J].金融

研究,2010(2):1-17.

[68] 谢平.巴塞尔新协议对中国银行业监管的启示和影响[J].浙江金融,2011(2):8-11.

[69] 鄢莉莉,王一鸣. 金融发展、金融市场冲击与经济波动:基于动态随机一般均衡模型的分析[J]. 金融研究,2012(12):82-95.

[70] 张金娣.宏观审慎监管、货币政策与银行风险承担:基于中国上市银行的实证分析[J].浙江金融,2020(10):70-80.

[71] 张敏锋,王文强.基于DSGE模型的我国宏观审慎政策规则有效性研究:以贷款价值比为视角[J].上海金融,2014(3):28-30.

[72] 张天顶,张宇.宏观审慎监管、系统性风险及国内外金融监管实践及启示[J].证券市场导报,2018(4):61-68.

[73] 张晓燕.金融监管与货币政策协调运行机制研究[J].宏观经济研究,2021(4):25-37.

[74] 张智富,郭云喜,张朝洋.宏观审慎政策协调能否抑制国际性银行危机传染?:基于跨境金融关联视角的实证研究[J].金融研究,2020(7):21-37.

[75] 张佐敏.财政规则与政策效果:基于DSGE分析[J].经济研究,2013(1):41-53.

[76] 赵静,许海萍.宏观审慎监管口头沟通与系统性风险[J].财经研究,2021,47(7):108-123.

[77] 赵胜民,罗琦.金融摩擦视角下的房产税、信贷政策与住房价格[J]. 财经研究,2013(12):72-84.

[78] 郑境辉,黄宁.宏观审慎政策有效性评估:中国实践[J].金融理论与实践,2017(12):17-24.

[79] 郑联盛.英国金融稳定治理框架:权衡、改革与启示[J].国际经济评论,2019(2):142-159.

[80] 周小川.关于改变宏观和微观顺周期性的进一步探讨[J].中国金融,2009(8):8-11.

[81] 周新辉,李富有.金融创新、金融结构演进与影子银行的发展[J].甘肃社会科学,2016(4):219-223.

[82] 周源.宏观审慎政策与货币政策目标协调研究[J].浙江金融,2011(8):28-30.

[83] 朱孟楠,叶芳,赵茜.影子银行体系的监管问题:基于最优资本监管模型的分析[J].国际金融研究,2012(7):49-57.

[84] Alpanda S., Zubairy S. Addressing Household Indebtedness: Monetary, Fiscal or Macroprudential Policy?[R]. No. 14-58, Bank of Canada, 2014.

[85] Altman E. I., Saunders A. An Analysis and Critique of the Bis Proposal on Capital Adequacy and Ratings[W]. New York University Working Paper, 2008.

[86] Aikman, D., Haldane, A.G., Nelson, B.D. Curbing the Credit Cycle[J]. Economic Journal, 2015, 125(585):1072-1109.

[87] Angelini P., Neri S., Panetta F. Monetary and Macroprudential Policies[R]. Working Paper No. 801, Bank of Italy Temi di Discussione, 2011.

[88] Angelini P., Neri S., Panetta F. The Interaction between Capital Requirements and Monetary Policy[J]. Journal of Money, Credit and Banking, 2014, 46(6):1073-1112.

[89] Angelini P., Enria A., Neri S., Panetta F. and Quagliariello M. Pro-cyclicality of Capital Regulation: Is It a Problem? How to Fix It?[R] Bank of Italy, Economic Research and International Relations Area, 2010.

[90] Angeloni I., Faia E. Capital Regulation and Monetary Policy with Fragile Banks[J]. Journal of Monetary Economics, 2013, 60(3):311-324.

[91] Ayuso J., Perez D., Saurina J. Are Capital Buffers Pro-cyclical?

Evidence from Spanish Panel Data[J]. Journal of Financial Intermediation, 2004(13):249-264.

[92] Bean C., Paustian M., Penalver A., Taylor T. Monetary Policy after the Fall[R]. Proceedings-Economic Policy Symposium-Jackson Hole, Federal Reserve Bank of Kansas City, 2010.

[93] Beau D., Clerc L., Mojon B. Macro-Prudential Policy and the Conduct of Monetary Policy[R]. No. 8, Banque de France, 2012.

[94] Bennani T., Després M., Dujardin M., Duprey T., Kelber A. Macroprudential Framework: Key Questions Applied to the French Case[R]. No. 9, Banque de France, 2014.

[95] Bernanke B. S., Gertler M., Gilchrist S. The Financial Accelerator in a Quantitative Business Cycle Framework[M]. Handbook of Macroeconomics, 1999(1):1341-1393.

[96] Bernanke B. S. Implementing a Macroprudential Approach to Supervision and Regulation[R]. Proceedings 1110, Federal Reserve Bank of Chicago, 2011.

[97] Bikker J. A., Metzemakers P. A. J. Bank Provisioning Behaviour and Prociclicality[J]. Journal of International Financial Markets, Institutions and Money, 2005(15):141-157.

[98] Brunnermeier M. The Fundamental Principles of Financial Regulation[J]. Geneva Reports on the World Economy, 2009, 93(23):153-158.

[99] Brunnermeier M. Deciphering the Liquidity and Credit Crunch 2007—2008[J]. Journal of Economic Perspectives, 2009, 23(1):77-100.

[100] Bank of England. Instruments of Macroprudential Policy[R]. Bank of England Discussion Paper, 2011.

[101] Borio C. Towards a Macroprudential Framework from Financial

Supervision and Regulation? Cesifo Economic Studies, 2003, 4 (2):181-216.

[102] Borio C. On Time, Stocks and Flows: Understanding the Global Macroeconomic Challenges [J]. National Institute Economic Review, 2013, 225(1):3-13.

[103] Crockett A. Marrying the Micro-and-macro Prudential Dimensions of Financial Stability[R]. BIS Speeches, 21 September, 2000.

[104] Federico G. Does Interbank Market Matter for Business Cycle Fluctuation? An Estimated DSGE Model with Financial Frictions for the Euro Area[J]. Economic Modelling, 2018 (75):10-22.

[105] Carrera C., Vega H. Interbank Market and Macroprudential Tools in a DSGE Mode [R]. No.2012-014,2012.

[106] Caruana J. Macroprudential Policy: Working Towards a New Consensus [R]. BIS Management Speeches,2010.

[107] Claessens S. An Overview of Macroprudential Policy Tools [R]. IMF Working Paper,No.14-214,2014.

[108] De Mooij R. A. Tax Biases to Debt Finance: Assessing the Problem, Finding Solutions[J]. Fiscal Studies, 2012, 33(4): 489-512.

[109] De Paoli B.,Paustian M. Coordinating Monetary and Macroprudential Policies [R]. FRB of New Frameworks [R]. Progress Report to the G-20(Basel:October),2011.

[110] Diamond D.W., Dybvig P.H. Bank Runs, Deposit Insurance, and Liquidity[J]. Journal of Political Economy, 1983, 91: 401-419.

[111] Diamond D. W. Banks and Liquidity Creation: A Simple Exposition of the Diamond-Dybvig Model[J]. Federal Reserve

Bank of Richmond Economic Quarterly, 2007,93:189-200.

[112] Christensen I., Meh C., Moran K. Bank Leverage Regulation and Macroeconomic Dynamics[R]. Bank of Canada Working Paper No. 2011-32, 2011.

[113] De Resende C., Dib A., Lalonde R., Perevalov N. Countercyclical Bank Capital Requirement and Optimized Monetary Policy Rules[R]. Bank of Canada Working Paper No. 2013-8,2013.

[114] Dib A. Banks, Credit Market Frictions, and Business Cycles[R]. Bank of Canada Working Paper No. 2010-24, 2010.

[115] Drumond I. Bank Capital Requirements, Business Cycle Fluctuations and the Basel Accords: A Synthesis[W]. FEP Working Papers 277, Universidade do Porto, Faculdade de Economia do Porto, 2008.

[116] Ernesto J. The fundamentals of Procyclicality of the Financial System [R]. Bangko Sentral ng Pilipinas, Economic Newsletter, July 2009.

[117] FSB. Shadow Banking: Strengthening Oversight and Regulation [R]. FSB Report, 2011(10):1-46.

[118] FSF. Report of the Financial Stability Forum on Addressing Pro-cyclicality in the Financial System[R]. Financial Report, 2009.

[119] Fonseca A. R., F. González. Cross-country Determinants of Bank Income Smoothing by Managing Loan Loss Provisions [J]. Journal of Banking & Finance, 2008(32):217-218.

[120] Galati G., Moessner R. Macroprudential Policy: A Literature Review [J]. Journal of Economic Surveys, 2013, 27 (5): 846-878.

[121] Gelain P. Macro-Prudential Policies in a DSGE Model with Financial Frictions[R]. The 7th Dynare Conference, Atlanta, USA, 2011.

[122] Gelain P., Lansing K. J., Mendicino C. House Prices, Credit Growth, and Excess Volatility: Implications for Monetary and Macroprudential Policy [R]. CEPREMAP Working Paper, No. 21, 2012.

[123] Gerali A., Neri S., Sessa L., Federico F. M. Credit and Banking in a DSGE Model of the Euro Area[J]. Journal of Money, Credit and Banking, 2010, 42(9): 107-141.

[124] Gertler M., Karadi P. A Model of Unconventional Monetary Policy[J]. Journal of Monetary Economics, 2011, 58(1): 17-34.

[125] Giesecke K., Kim B. Systemic risk: What defaults are telling us Management Science, 2011(57): 1387-1405.

[126] Giri F. Does Interbank Market Matter for Business Cycle Fluctuation? An Estimated DSGE Model with Financial Frictions for the Euro Area [R]. FinMaP-Working Paper, No. 27, 2014.

[127] Goodfriend M., Mccallum B. T. Banking and Interest Rates in Monetary Policy Analysis: A Quantitative Exploration [J]. Journal of Monetary Economics, 2007, 54(5): 1480-1507.

[128] Goodhart J., Liu H., Molyneux P., Wilson J. Do Bank Profits Converge? [J]. European Financial Management, 2013, 19(2): 345-365.

[129] Hafstead M., Smith J. Financial Shocks, Bank Intermediation, and Monetary Policy in a DSGE Model [R]. Unpublished Manuscript, 2012.

[130] Hoenig T. M. Exploring the Macro-prudential Aspects of

Financial Sector Supervision. Economic Review, 2004, 89(2): 5-17.

[131] Hristov N., Hulsewig O. Unexpected Loan Losses and Bank Capital in an Estimated DSGE Model of the Euro Area[J]. Journal of Macroeconomics, 2017(54):161-186.

[132] Iacoviello M. House Prices, Borrowing Constraints and Monetary Policy in the Business Cycle[J]. The American Economic Review, 2005,95(3):739-764.

[133] Iacoviello M., Neri S. Housing Market Spillovers: Evidence from an Estimated DSGE Model[J]. American Economic Journal: Macroeconomics,2010,2(2):125-164.

[134] IMF. Global Financial Stability Report: Meeting New Challenges to Stability and Building a Safer System[R]. Financial Report,2010.

[135] Jokipii T., Alistair M. Bank Capital Buffer and Risk Adjustment Decisions[J]. Journal of Financial Stability, 2011(7):165-178.

[136] Keen M. M., de Mooij R. A. Debt,Taxes,and Banks[R]. IMF Working Paper, No. 12/48, International Monetary Fund, 2012.

[137] Kiyotaki N., Moore J. Credit Cycles[J]. Journal of Political Economy,1997,105(2):211-248.

[138] Kiyotaki N., Moore J. Liquidity, Business Cycles, and Monetary Policy[J]. Journal of Political Economy, 2019, 127(6):2926-2966.

[139] Kolasa M. On the Limits of Macroprudential Policy[R]. Society for Economic Dynamics Meeting Papers, No. 207,2015.

[140] Kopel M., Loffler C. Commitment, First-mover, and Second-mover Advantage[J]. J of Economics, 2008, 94(3):143-166.

[141] Lambertini L., Mendicino C., Punzi M. T. Leaning against Boom-Bust Cycles in Credit and Housing Prices[J]. Journal of

Economic Dynamics and Control,2013,37(8):1500-1522.

[142] Lim C., F.Columba, A.Costa, et al. Macroprudential Policy: What Instruments and How to Use Them? [R] IMF Working Paper, 2011.

[143] May R., Arinaminpathy N. Systemic Risk: The Dynamics of Model Banking Systems [J]. Journal of the Royal Society Interface, 2009,7(46):823-838.

[144] McNally W.J. Open Market Stock Repurchase Signalling[J]. Financial Management, 1999(28):55-67.

[145] Meh C., Moran K. The Role of Bank Capital in the Propagation of Shocks [R]. Bank of Canada Working Paper No. 2008-2036,2008.

[146] Mendicino C., Punzi M. T. House Prices,Capital Inflows and Macroprudential Policy[J]. Journal of Banking and Finance, 2014,49(12):337-355.

[147] Mishkin F. Globalization, Macroeconomic Performance, and Monetary Policy [J]. Journal of Money, Credit and Banking, 2009(41):187-196.

[148] Nier E., Osinski J., Madrid P. Institutional Models for Macroprudential Policy [R]. IMF Woking Paper,No. 11/18, International Monetary Fund,2011.

[149] Paolo Gelain Kevin J. Lansing Caterina Mendicino. House Prices, Credit Growth, and Excess Volatility: Implications for Monetary and Macroprudential Policy[J]. International Journal of Central Banking,2013,9(2):219-276.

[150] Philippe B., Kenza B., Yannick K. Capital Controls with International Reserve Accumulation: Can This Be Optimal? [J]. American Economic Journal: Macroeconomics, 2013, 5

(3):229-262.

[151] Phillipe V., Cassio B. Rental Market and Macroeconomics: Evidence for the US[J]. Journal of Economic Studies, 2020, 48(3):587-603.

[152] Popoyan L., Napoletano M., Roventini A. Taming Macroeconomic Instability: Monetary and Macro-prudential Policy Interactions in an Agent-based Model[J]. Journal of Economic Behavior & Organization, 2017,134(2):117-140.

[153] Pozsar Zoltan, etc. Shadow Banking[R]. Federal Reserve Bank of New York Staff Report No. 458, 2010.

[154] Punzi M. T. Housing Market and Current Account Imbalances in the International Economy[J]. Review of International Economics,2013,21(4):601-613.

[155] Roger S., Vlcek J. Macroeconomic Costs of Higher Bank Capital and Liquidity Requirements. IMF Working Paper wp/11/103, 2011.

[156] Rubio M., Carrasco-Gallego J. A. Macroprudential and Monetary Policies: Implications for Financial Stability and Welfare[J]. Journal of Banking & Finance,2014(49):26-36.

[157] Schmitt-Grohe S., Uribe M. Solving Dynamic General Equilibrium Models Using a Second-Order Approximation to the Policy Function[J]. Journal of Economic Dynamics and Control, 2004,28(4):755-775.

[158] Segoviano B. M., Goodhart C. Banking Stability Measures[J]. Journal of Information Processing, 2009,23(2):202-209.

[159] Silvo A. The Interaction of Monetary and Macroprudential Policies in Economic Stabilization[R]. Bank of Finland Research Discussion Paper No. 1, 2018.

[160] Smets F., Wouters R. An Estimated Dynamic Stochastic General Equilibrium Model of the Euro Area [J]. Journal of the European Economic Association, 2003, 1(5):1123-1175.

[161] Suh H. Macroprudential Policy: Its Effects and Relationship to Monetary Policy. Federal Reserve Bank of Philadelphia Working Papers 12-28, 2012.

[162] Svensson L. E. The Relation between Monetary Policy and Financial Policy [J]. International Journal of Central Banking, 2012, 8(1):293-295.

[163] Tarashev N., Borio C., Tsatsaroniset K. The Systemic Importance of Financial Institutions[J]. BIS Quarterly Review, 2009, (9):75-87.

[164] Tavman Y. A Comparative Analysis of Macroprudential Policies[J]. Oxford Economic Papers, 2015, 67(2): 334-355.

[165] Turner P. Macroprudential policies in EMEs: theory and practice[R]. BIS Papers No 62, 2011.

[166] Unsal D. F. Capital Flows and Financial Stability: Monetary Policy and Macroprudential Responses [R]. International Monetary Fund No.11-189, 2011.

[167] Viral V. A., Lasse H. P., Thomas P., Matthew R. Measuring Systemic Risk[J]. The Review of Financial Studies, 2017, 30 (1): 2-47.

[168] Wong T, Fong T, Li K, et al. Loan-to-Value Ratio as a Macroprudential Tool-Hong Kong's Experience and Cross-Country Evidence [R]. Hong Kong Monetary Authority Working Paper, 2011.

[169] Woodford M. Interest and Prices: Foundations of a Theory of Monetary Policy[M]. Princeton University Press, 2003.